JN083368

児童養護施設という私のおうち

知ることからはじめる

子どものためのフェアスタート

田中れいか

Reika Tanaka

はじめに

こんにちは。私は「児童養護施設《じどうようごしせつ》」出身者でモデルの田中れいかと申します。

この本は、私の生い立ちを通して、児童養護施設にいる子どもたちと「社会的養護《しゃかいてきようご》」について、知ってもらうことを目的としています。

私は、７歳から18歳までの11年間、児童養護施設で暮らしていました。

一般的には、子どもは家庭で暮らしていますよね。両親がいる子、ひとり親の子、親戚や祖父母と暮らす子、いろんな家庭がありますが、決まった大人（保護者）と一緒のおうちに住んでいる子が多いと思います。

私の場合は、血のつながりのない人たちと、児童養護施設をおうちとして、集団生活をしていました。

児童養護施設にはさまざまな事情で家族と暮らすことのできない子どもたちが生活しています。日々の生活をともにする大人たちは、施設の職員たちです。

このように、事情があって親元で暮らすことが難しい子どもたちを国の公的責任で保護・養育し、その家庭に対して支援することを「社会的養護」といいます。

私はそのような子どもたちについて知ってもらうべく、児童養護施設や社会的養護について、当事者として自分の経験を話したり、施設側の思いを聞き取ってメディアやＳＮＳで発信したり、講演会で啓発する活動をしています。

大学や企業などいろんな場所で話をしていますが、「シセツ？　あっ！　ドラマで見たことがあります！」「たくさんの子どもが暮している大きな家みたいな感じかな」など「児童養護施設」と聞くと、みなさんなにかしらリアクションをしてくれます。テレビドラマや小説の舞台として見聞きする機会もあり、知識やイメージをなんらか持っているようです。

次の質問をしてみます。

「すごい！　知ってくれているんですね！　じゃあ、他にはなにか知っていることはありますか？」と聞くと、途端に「……で、え〜っと？」「う〜ん……きっと難しい問題があるんだろうな（ゴニョゴニョ）」など、その次の言葉や知識はなかなか出てきません。

「なるほど。児童養護施設って、みんな知っているけど、実は知らないんだな」というのが、私の感想です。

言葉だけでいうと認知度は100％、でも意味や具体的なことについては……認知度10％以下、というところでしょうか。

とはいえ、1990年代頃より、悲惨《ひさん》な児童虐待《ぎゃくたい》や性暴力など子どもたちをとりまく辛い現実が報道によって知られることとなり、現在にいたるまで社会の関心はとても高くなっていると思います。

この活動をしていると、「私にできることないかな？」と支援を申し出てくれる人たちも少なからずいらっしゃいます。

そんなとき、「自分の子どもでなくても、子どもたちに心を寄せている人がいるんだ」とうれしくなります。

このように気にしてくれる人は少なからずいるのに、知識はあまり広がらないのはなぜなのでしょうか。

活動をしていてしばらくたった頃、ふと気がついたことがあります。

それは、いままで児童養護施設や社会的養護を知らなかった人が気軽にアクセスできる情報源がすくないということです。あまり知らない人から関係者まで、みんながともに考え、意見交換をするための「資源」が圧倒的に足りないのではないか、と思ったのです。

詳細な分析やデータが並ぶ書籍や研究は膨大にあります。しかし、専門書や専門誌、論文は最初のとっかかりとしてハードに感じる人もいるでしょう。児童養護施設や職員が発行している手記や実践記録もあります。熱心ですばらしいものがたくさんあるのですが、制度をふくめた全体的な輪郭《りんかく》は捉えづらいかもしれません。

この活動をはじめるときに、たくさんの福祉関連の書籍を読んできましたが、「これを読んだら、施設についての全体を知ることができた」という入門書がなく、私自身とても苦労したことを思い出しました。

そこで、詳細でなくてもざっくりと知りたいという方に、私のライフストーリーを読み物としてたどりながら、「児童養護施設」について知っていただけるようなコンテンツをつくらなければ！　と思い立ち、このような本をつくりました。

役に立ちたい、知りたいという気持ちがあっても、どうしたらいいかわからないという人が大勢いらっしゃいます。そんな人が、実際の生活や具体的なケースを知ることで、自分の頭の中の「児童養護施設」というイメージを超えていくお手伝いができればと思います。

そうすれば、児童養護施設への理解につながり、子どもたちが安心して成長できる社会へとつながると信じています。また、ボランティアに参加してみたいな、と思っている人の背中を押すことができたらな、とも思っています。


この本は、私にとってはじめての、1冊目の本です。

どんな人が、どんな風に読んでくれるんだろう。

その出会いは、これからどんな未来につながっていくんだろう。

そう思うと、とてもドキドキします。


みなさんに、児童養護施設で育つということはどういうことなのか、課題や問題はあるのか、どんな支援をしたらいいのか、社会にとってどんな意味があるのかなど、まずは知って一緒に考えていただけるとうれしいです。

この本が、みなさんと児童養護施設をつなぐ「第一歩」になれることを願います。

Chapter 13

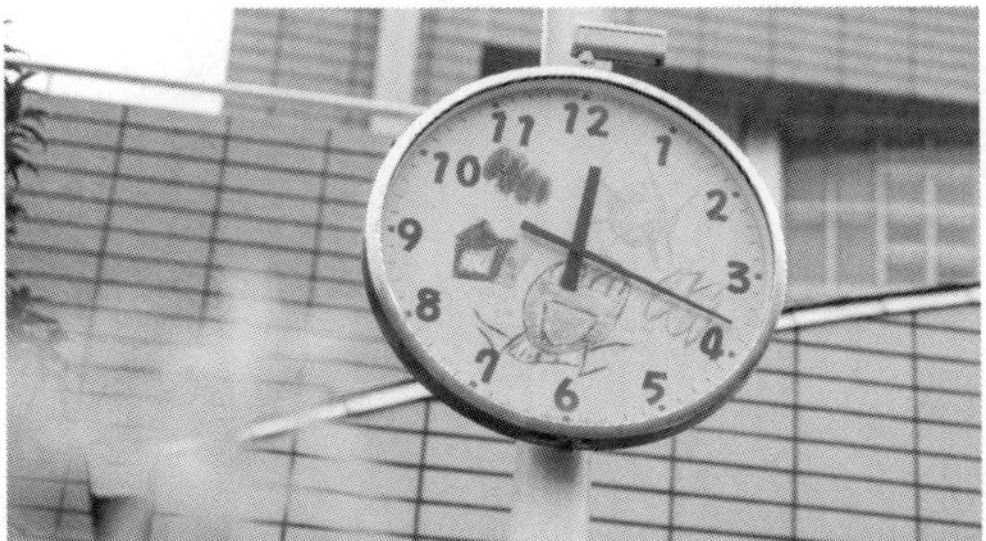

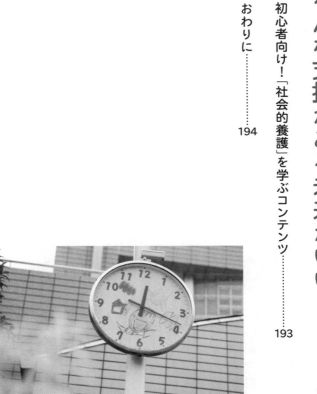

Introduction

大学生に聞いた「児童養護施設」のイメージ

今回、大学生（保育・福祉・教育専攻が半数）を中心にアンケートを取りました。解答から、「児童養護施設」の認知度やイメージがわかると思います。事前知識のある学生さんが半分を占めていることも前提として、見ていきましょう。（調査：2020 年 10 月～ 2021 年 2 月。n＝110 人）

［問 1］ 児童養護施設という名前を聞いたことがありますか？

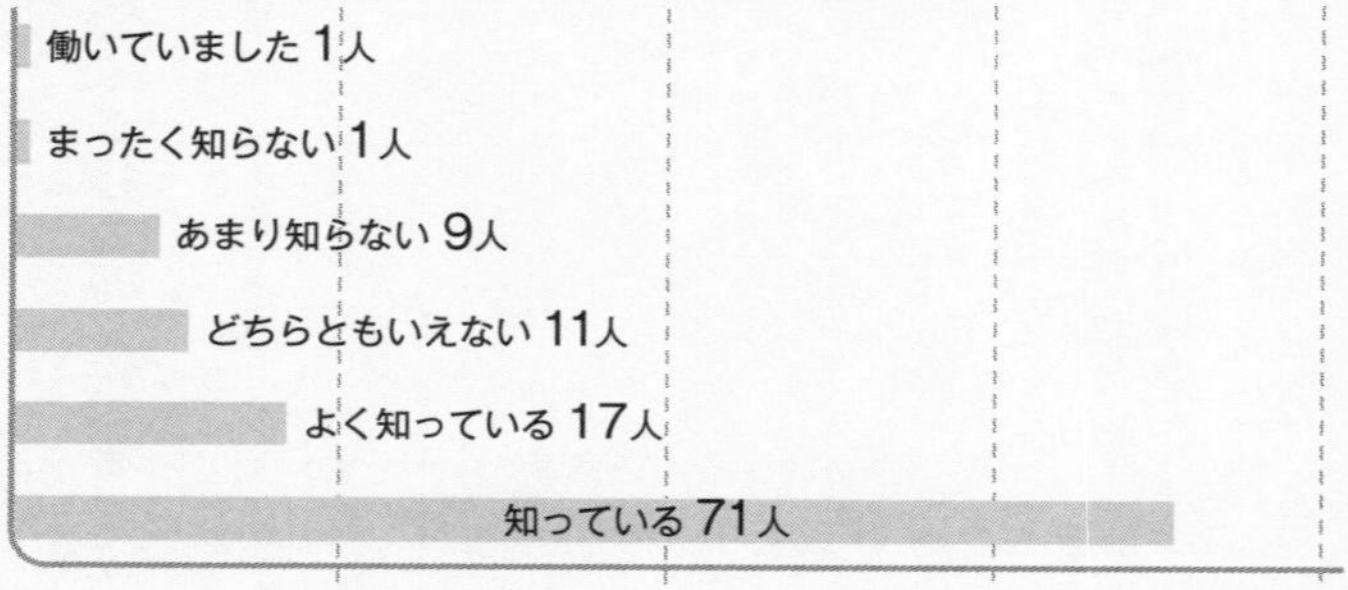

［問 2］ 児童養護施設の役割やどのような状況の子が入所する施設か ご存知ですか？

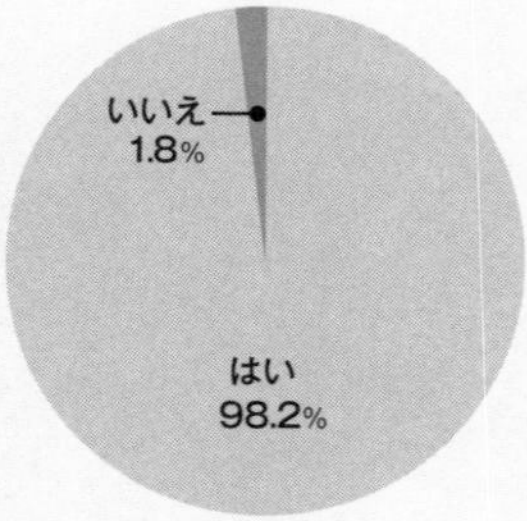

［問 3］ 幼少期から大学まで、学校や部活、アルバイト、課外活動等を通した生活の中で、「児童養護施設で暮らしていた（暮らしている）」という人に会ったことはありますか？

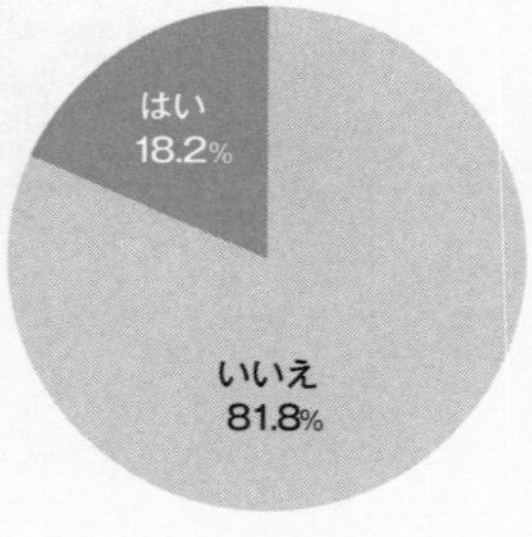

9割の方が施設について知っていました。しかし当事者との交流経験はありません。問3に「はい」と答えた2割の方からは「バイト先」や「学校」にいたという回答がありました。

［問4］児童養護施設と聞いてどんな印象やイメージがありますか？
思っていることをそのまま書いてみてください。

●子どもたちも職員の方も大変だとは思うけれど、暖かくて愛にあふれていると思う
●それぞれ自分の境遇に悩み、苦しむこともあるような子どもたちがいるイメージがあります
●虐待などをされてしまった子どもたちがいる
●親が亡くなってしまったり育てられなくなってしまった子どもが施設で育ててもらうイメージ。家族みたいになれる施設もあると思う
●人手が足りていないイメージがある
●身近なところにあるのか、どこにあるのかもわからない

う～ん、ちょっと暗いイメージでしょうか。
私の友人たちに「児童養護施設出身だと聞いてどう思った？」と聞いてみました！

私の友人
みさちゃん

れいかちゃんに児童養護施設出身だって言われたときに、特になにも思わなくて、「そうなんだ、そういうかんじか」と。うちも親が病気だったりして一般的な家庭とは違ったので、家族のかたちが違うんだなって思った。偏見もないし、いろんな生き方があるんじゃないかな。

私の友人
ちーちゃん

人によってはかわいそうとか、この子大丈夫かな？っていう目で見る人まだいるのかなって思うけど、聞いたときに、「なるほど、だからこんなにしっかり者なんだ」って思ったよ。
あと、自分の背景を私に話してくれて「ありがとう」って思ったよ。

Chapter 1

児《じ》童《どう》養《よう》護《ご》施《し》設《せつ》に入ったわけ

施設に入る前の生活

私が児童養護施設《じどうようごしせつ》に入所したのは7歳。小学校2年生の4月です。

記憶がちょっと曖昧なのですが、東京都葛飾区の団地に、両親と3つ上の兄、4つ上の姉の家族5人で暮らしていました。

当時はもう、お父さんとお母さんの関係が悪くなっていて、夜中になると物を投げつける音とか、お母さんの「キャー！」っていう悲鳴が、隣の部屋で寝ている私たちに聞こえてくる日々でした。

私が襖《ふすま》を開けてのぞこうとしたら、お姉ちゃんに「やめときな」って止められた記憶も残っています。

そういうのがどれぐらい続いたかわからないのですが、ある日、お母さんが家を出て行ってしまいました。それ以降、お父さんの怒りの矛先がお兄ちゃんに向けられるようになります。

私が幼い頃は、まだ「体罰＝しつけ」という時代だったこともあってか、叩かれたり、暴言を吐かれていました（2020年4月～体罰は法律で禁止されています）。

私とお姉ちゃんは叩かれなかったけど、お父さんはなにか気に食わないことがあると「出て行け」と怒鳴ることもありました。玄関のドアから出され、団地の廊下に立たされたこともありました。

そんななかで、施設に入所するきっかけになった出来事が起こります。

お母さんがいなくなってからは、お姉ちゃんが率先して家事を担っていたんですが、ある日の晩、洗い物をしていたら、シンクの排水溝にお皿がポコンッて挟まっちゃったんです。すると、水道の水がブワーッとあふれてきてしまい、床やカーペットが水浸しに……。

仕事から帰ってきたお父さんが水浸しの部屋を見てすごく怒って、いつものように「出て行け」と大声で言いました。いつも通り「ああ、廊下に行くのかな」と思ったのですが、

施設入所前。３歳の頃の私とおばあちゃん

その日はなぜか、お姉ちゃんが私を連れて本当に家を出たんです。

私はパジャマ姿のまま、なにもわからずついて行ったのですが、お姉ちゃんは交番に駆け込んで、警察官に事情を話したようでした。

時刻は0時過ぎ。交番で保護された私たちは、タバコ臭い部屋で待機。そのあと交番から児童相談所に移動しました。私はよく覚えていないのですが、殺風景な部屋にベッドがあって、そこで2人で寝ました。私たちは一時保護《いちじほご》されたのです。

一時保護所《いちじほごじょ》での生活

児童相談所《じどうそうだんじょ》では、施設が決まるまでの一時保護という形となり、併設される「一時保護《いちじほご》所《じょ》」という施設が仮住まいとなりました。

そこから、私にとって状況を全然理解できないままに、大人に「言われた通りにやる」という生活が始まりました。

いま思い返してみると、私、当時の感情の記憶がまったくないんです。流されるまま、その場の状況を受け入れるしかない、みたいな感じで。

お父さんと離れて悲しい気持ちもなかったですし、わからないことも多すぎて、本当に「無」だったんだと思います。

一時保護所には、私がいた当時、男女合わせて十数人いたんじゃないかなと思います。部屋の真ん中にビニールテープみたいなもので境界線が作られていて、こっちは男子のゾーン、こっちは女子のゾーン、という風にそれぞれ生活する場所を分けて過ごしていました。ちょっとびっくりしますよね（笑）。

女の子は赤、男の子は青の上下揃いのジャージを着ていました。2歳から18歳までの子たちが対象なので、大きい子もいれば、ちっちゃい子もいて。一人だけ、なにを話したかは覚えていないんですけど、年上で可愛らしいお姉さんがいたのは覚えています。

どんなことをして過ごしていたか、細かいことは覚えていないんですが、そこにいる間はみんな学校に行けないので、基本はずっと施設にいます。小学生以上の子たちは、勉強の時間、運動の時間など日課が決まっていました。未就学《みしゅうがく》のちっちゃい子たちは先生と本を読むなどしていたと思います。

勉強は基本、プリント学習です。

運動の時間は朝にあって、施設内にあるグラウンドをみんなで走っていました。学年ごとに校庭の周回数が違うので、ペアになってお互いに数え合います。週に1回ぐらいは、「運動」という名目の自由時間があって、好きなことをして遊ぶことができたので、縄跳びとかしていたような気がします。一応、共有の本棚には漫画とかも置いてあって、お姉ちゃんは『あさりちゃん』という漫画を読んでいました（歴史の長い一時保護所は厳しいルールがある印象が強いですが、一時保護所も待遇改善の流れがありますし、個々を大切にしてくれる所もあります）。

感情の記憶がないので大人になったいまの想像になっちゃいますけど、この場所にいなきゃいけないというか、抗う気持ちもなかったと思います。行動の理由がわからなくても、みんながやっているからやる、という。

いつかは忘れちゃいましたけど、そういう生活をしばらく送っていたある日、私たちがのちに暮らすことになる世田谷区の児童養護施設の先生が2人、児童相談所にやってきました。

保護所内にある会議室みたいなところでお姉ちゃんと私とで面会をして、「あなたはこれからこういう場所に行くんだよ」みたいな説明をされたのを覚えています。

これは後になって聞いたことですが、「れいかさんはその時、児童相談所でめちゃくちゃ泣いて、部屋の隅っこに座って『行きたくない！』って言ってたんだよ」って児童養護施設の先生が教えてくれました。

ここが好きなわけじゃないけど、またどこか新しいところに行くのが不安、というような思いが心のどこかにあったのかな。

一時保護所から児童養護施設にうつる

児童養護施設で暮らしている子どもたちは基本的にまず、一時保護所に行きます。

家から直接、児童養護施設に入所する子は、ほんの少数です。

一時保護所は、児童相談所の職員が親御さんと話し合いをしたり、施設に入所するための調整をしたりする間の一時的な「子どもの避難所」みたいな感じだと思ってください。
親御さんが子どもを連れ戻しに来てしまうケースもあるので、住所は特定されないよう、非公開である場合が多く、児童相談所に併設しているところもあれば、別々のところもあります。

統計によると、一時保護所で暮らす期間は平均29・4日（出典：福祉行政報告例【平成30年度】）。原則として2ヶ月を越えてはならないとされています。私は1ヶ月半ぐらいで施設に入所できましたが、定員の空き具合や、児童福祉司《じどうふくしし》（児童相談所の職員）と親とで話し合いが難航している場合などは、入所する施設がなかなか決まらず、長いケースだと数年も一時保護所にいたという子もいるようです。

また、ここから家庭に戻される子が半数以上いるのも現実です。

児童養護施設に入所した当日の記憶はぼんやりとしか残っていません。

夜、リビングであたたかいオレンジ色のライトのもと、一緒の部屋で暮らす子どもたちが4人、ダイニングテーブルで勉強している姿だけ、なんとなく覚えています。

その日は、担当の先生が私につきっきりで一緒にいてくれました。

「これがれいかちゃんの新しい洋服だよ」とか「ここは大丈夫な場所（安心できる所、ということ）なんだよ」と話しながら、私が眠りにつくまでずっと隣にいてくれた記憶がありますね。

いま考えると、きっと先生が優しくて少しは安心しただろうな、とか想像はできるんですけど、やっぱりどう思い返してみても、感情の記憶がないんですよね。

私が入所していた児童養護施設・福音寮《ふくいんりょう》の飯田《いいだ》先生に当時の私のことを聞いてみたら、「あなた、結構大変だったよ」と言われました。

「れいかさんは児童相談所から施設に来たとき、車の中から3時間もまったく出てこないで、ずっと泣いていたんだよ」って。これもまた、私はまったく記憶にないんですけどね（笑）。

きっと、施設に来てみたらやっぱりちょっと怖かったり、状況を整理できない自分にあたふたしていたり……それで泣くしかなかったのかもしれません。

入所してどのように慣れていったか、ということで言えば、同年代の子が遊びに入れてくれたり、一緒にテレビを見たり、そういう時間を経て徐々に少しづつ馴染んでいった感

学校にも施設の暮らしにもなれてきた頃

じです。

　数日後からすぐに新しい小学校に転校したのですが、同じクラスの子が校長室に迎えにきてくれて、元気いっぱいに受け入れてくれたということもあって、学校生活に慣れるのはあっという間でしたね。

　施設の子も同じ学校に通学しているので、帰って来ても同じ子たちがいます。そんな日常生活を受け入れていく中で、少しずつ仲良くなり、慣れていったように思います。私の場合、お姉ちゃんが一緒の施設だったから安心できたということもなんとなくありましたね。

ちなみに、お兄ちゃんは、私たちが入所した1ヶ月後に同じ施設に来ました。

当時の気持ちは聞くことができていないのですが、「他の施設だとかわいそうだから、3人同じ場所にいたほうがいい」とお父さんが児童相談所と施設に頼んだのだと聞いています。

施設側としても、兄弟はなるべく一緒に過ごさせようという意向はあるようですが、定員があるので、別々の施設になる場合もあります。

私たち兄弟3人は、運よく同じ施設に入ることができました。

Lecture 1

児童養護施設ってどんなところ？

入所までの体験を読んでいただきました。私の場合、7 歳の時に児童相談所で保護、一時保護（1 ヶ月半）を経て、児童養護施設に入所します。これらの機関はどのようなところなのでしょうか。

児《じ》童《どう》相《そう》談《だん》所《じょ》とは？

“児童相談所は、児童福祉法に基づいて設置される行政機関です。

原則 18 歳未満の子供に関する相談や通告について、子供本人・家族・学校の先生・地域の方々など、どなたからも受け付けています。

児童相談所は、すべての子供が心身ともに健やかに育ち、その持てる力を最大限に発揮できるように家族等を援助し、ともに考え、問題を解決していく専門の相談機関です。”

（東京都福祉保健局「児童相談センター・児童相談所」HP より抜粋）

地域別に設置されています。世間的にはちょっと怖いイメージがあるように思いますが、子育ての相談等もすることができます。

一《いち》時《じ》保《ほ》護《ご》所《じょ》とは？

“一時保護所は、児童相談所に付属し、保護を必要とするお子さん（おおむね 2 歳以上 18 歳未満）を一時的にお預かりするところです。また、お子さんのこれからの養育にそなえて、生活状況の把握や生活指導なども行います。”

（東京都福祉保健局「東京都児童相談センター・児童相談所」HP より抜粋）

子どもの安全のために「一時保護」をおこない、アセスメント（調査・評価して分析すること）を行う場所です。一時保護所入所中に家庭復帰をするか施設等へ入所するか、たくさんの人が協議し、今後の支援が決まります。

児《じ》童《どう》養《よう》護《ご》施《し》設《せつ》とは？

“児童養護施設は児童福祉法に定められた児童福祉施設の一つです。

児童養護施設には予期できない災害や事故、親の離婚や病気、また不適切な養育を受けているなどさまざまな事情により、家族による養育が困難な２歳からおおむね18歳の子どもたちが家庭に替わる子どもたちの家で協調性や思いやりの心を育みながら、生活しています。

児童養護施設では子どもたちの幸せと心豊かで健やかな発達を保障し、自立を支援しています。”

（全養協 HP「児童養護施設の紹介」より抜粋）

だいたい幼稚園〜高校生くらいまでの子どもが一緒に暮らす「学生寮」だと考えていただけるとイメージしやすいかもしれません。いまは「シェアハウス」くらい少人数で生活する施設が増えています。

社《しゃ》会《かい》的《てき》養《よう》護《ご》とは？

“社会には様々な理由により、保護者がいなかったり、保護者の適切な養育をうけられなかったりする子どもたちがいます。「社会的養護」は、こうした子どもたちを、公的責任で保護・養育するとともに、これらの家庭を支援する仕組みです。児童養護施設は、この「社会的養護」の仕組みの中に位置付けられています。”

（全養協発行「もっともっと知ってほしい　児童養護施設」より抜粋）

「社会的養護」の子どもたちは、児童養護施設だけではなく、里親や乳児院、自立援助ホーム等で暮らす場合もあります。

「児童養護施設」はどのくらいあるの？

現在、児童養護施設は全国に約600ヶ所、約２万5000人の児童がくらしています。（「社会的養育の推進に向けて」平成31年1月 厚生労働省子ども家庭局家庭福祉課）

施設の規模は、大・中・小にわかれています。

施設の規模（1施設あたりの入所人数／全養協発行「もっともっと知ってほしい　児童養護施設」より）

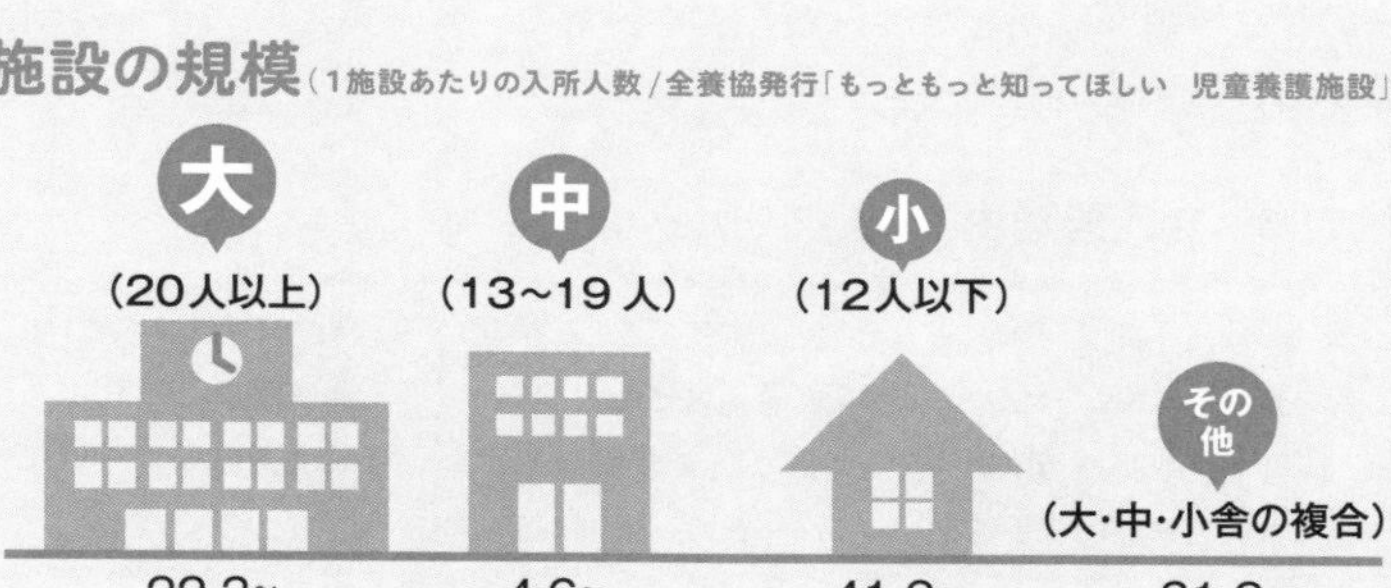

全国の施設数の推移（厚生労働省「社会的養護の課題と将来像の実現に向けて」参考資料）

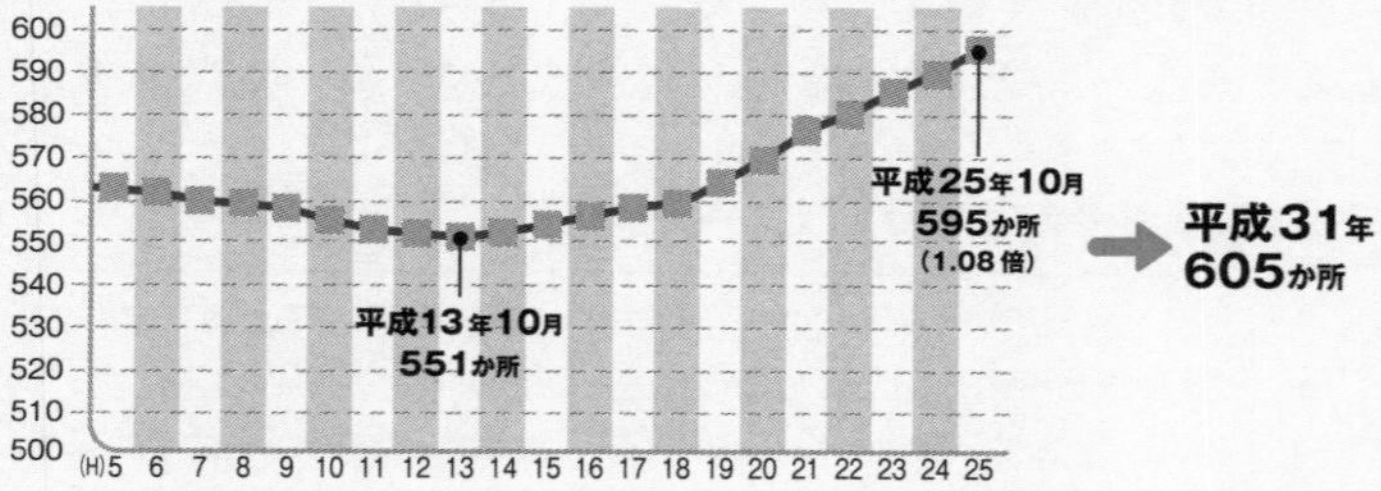

児童養護施設入所児童数の推移

（厚生労働省「社会的養護の課題と将来像の実現に向けて」参考資料）

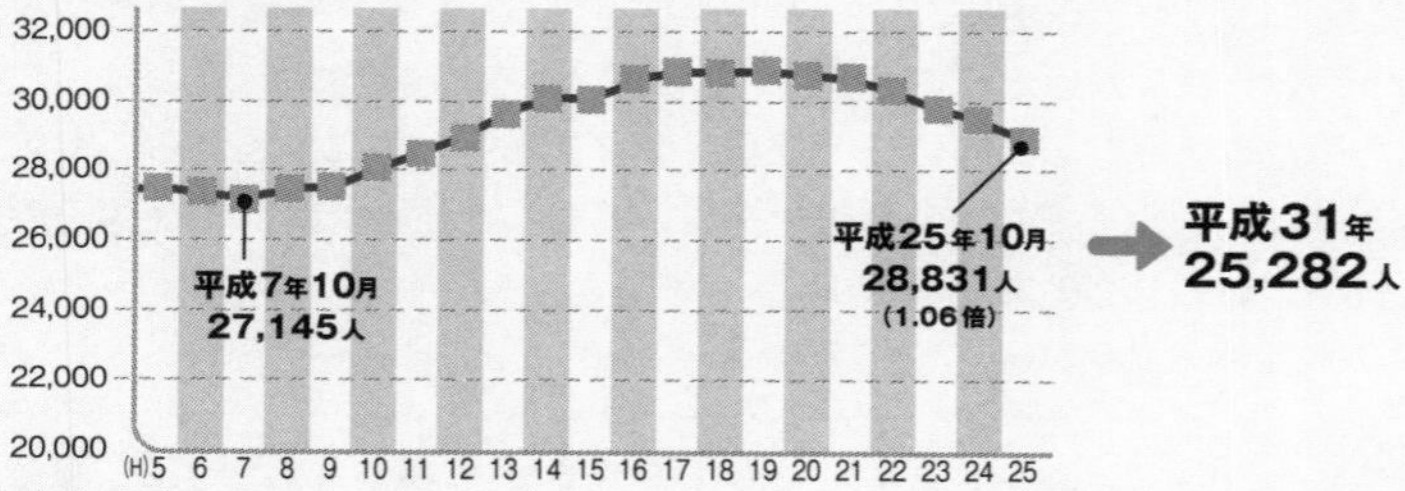

厚生労働省の報告によると、入所児童は減少しています。里親等委託児童が増えたためだそうです。

どんな理由で入所するの？

1番多いのは「ネグレクト（育児放棄）」、2番目が「母親の精神疾患」ということです。厚生労働省の調査では、入所児童の 48.5% がシングルマザーのひとり親家庭でした。母親による孤《こ》育《そだ》て、育児負担の大きさの結果なのかもしれません。

施設のおもな入所理由について（2018／件）

母親の放任怠惰	4054	養育拒否	1455	母の行方不明	701
母の精神疾患等	4001	破産等の経済的理由	4001	母の入院	620
母の虐待・酷使	3538	児童の問題による監護困難	1318	父母の離婚	541
父の虐待・酷使	2542	母の拘禁	993	その他	2480

どのくらいの期間入所するの？

在所期間（2018年／年）※5年ごとに調査・報告されています

調査年	2008	2013	2018
平均	4.6	4.9	5.2

子どもが施設で暮らす期間は「1年未満」が一番多く、平均すると5.2年間となっています。家庭に戻れない場合は、自立まで施設にいます。

VOICE

福音寮 理事長
飯田先生

れいかさんのような入所経路について

子どもの状況に気がついた大人が児童相談所や関係機関に連絡するというケースがあります。しかし、保育園であれば保育園の先生とか、小学校の先生とか中学の先生とか、子どもにとっては親以外の大人というのはそのくらいしかいない。

そういう中で子どもが、外から発見され、「ちょっとおかしいな」と気づける大人に接する機会があることはラッキーです。

おかしいかなと思うことがあっても、だいたい見て見ぬふりをしちゃうじゃないですか。大人でも自分で適当に理屈をつけて見過ごしちゃうものです。

れいかさんの場合、子どもたちが自分の足で警察署に行って、状況を訴えたことは、今風に考えると評価されるところです。子どもが耐えきれなくて誰かに相談しなければいけないとなった時に、警察に行ったというのは、客観的にとても大事な例。

長くずっと厳しい状況に置かれていて、子どもから見てひどい状態が続いていくということを子どもが自分で断ち切ったというのはすごい行動力だし、よかったなと思います。

第三者がなんらかの形で介入したというのではなく、子ども自身が「これではよくない」ということで家を出て、しかるべき人に保護を求めたという稀なケースです。

ちなみに、厚労省・子ども家庭局の児童養護施設への調査（平成31年2月）で、入所児童の0.1%が「LGBTに該当する」というデータがありました。実際はもっといるだろうと思われます。施設によってはLGBTの研修や性教育にも力をいれていて、さまざまな多様性に対応できるよう準備しているそうです。

Chapter 2

集団生活がスタート

児童養護施設の子、でも普通の転校生

転校先の小学校では「普通の転校生」として紹介されます。

私は人生で「施設から通っている」ということで、学校でいやな思いをすることは、まったくありませんでした。

それは私がいた施設の良いところでもあります。施設側が地域にさまざまな働きかけをしていることで、地域社会全体の理解度が高く、小学校、中学校に通う生徒の保護者たちは、おそらく大半の方が施設のことを知ってくれていて、「地域で見守る」という態勢ができていたのではないかと思います。すごくあたたかい環境だったなと思いますね。

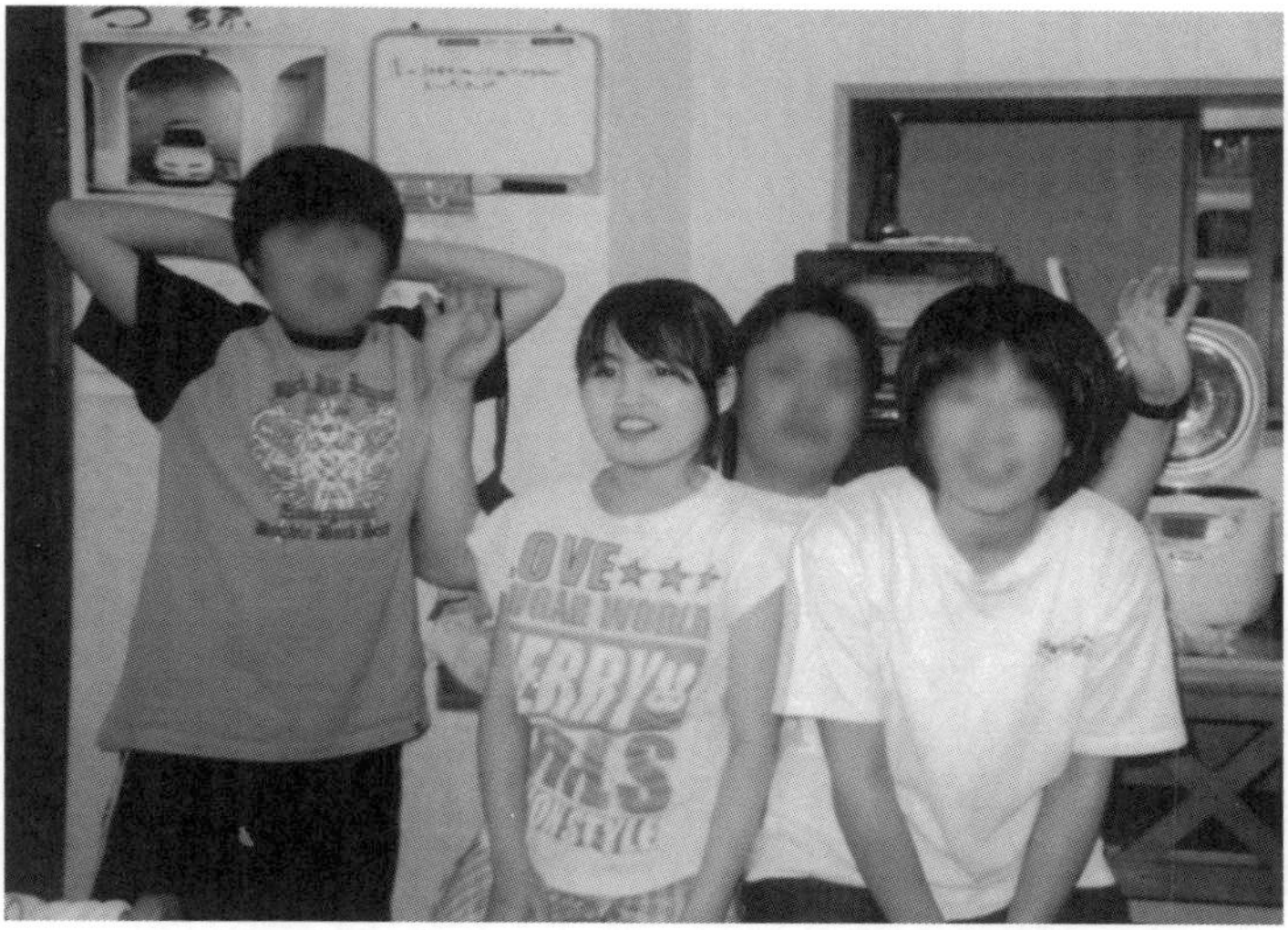
左は小学校４年生頃の私。

この本を書くにあたり、中学校の時にお世話になった先生や施設に話を聞きに行ったのですが、地元小・中学校では教員が全員参加の研修が毎年あって、児童養護施設を見学して施設の職員と意見交換をしていたとのことでした。施設側からの働きかけに学校側も応じるかたちで、連携をしているようです。

こうした一方で、とんでもないケースを聞いたこともあります。とある地方の中学校でのことなんですが、施設に対してネガティブなイメージを持っている年配の教員がいて、施設から通っている子について「この子と関わるとダメだ」というようなことを他の生徒に言ったそうなんです。中学生くらいだとまだ子どもですから、先生の言ったことをそのまま鵜呑みにする子もいて、触発された生徒たちが、その子をいじめていた、といった陰湿な話を聞いたこともあります。

理解があるかどうかは、本当にそれぞれなのです。私のいた地域は、理解するための取り組みがあったので、恵まれていたほうだと思います。この格差はあっていいのでしょうか？

もともと通っていた小学校は突然の転校になってしまったので、先生や友だちにお別れのあいさつができませんでした。施設に入った場合は、ケースにもよりますが、前の学校には戻れません。それが一時保護の課題だと言う人もいます。なぜなら、子どもの人間関係がぷっつり切れてしまうからです。ただ、私は、低学年のうちに転校したからか、前の学校に通っていた頃のことはほとんど思い出しませんでした。

どんどん変化があることへの防衛本能なのかもしれませんが、自分の身を守って、いまの環境に慣れようとする気持ちのほうが大きかったんでしょうね。

だから、私は啓発活動をはじめてから思い出すことのほうが多いんです。過去を振り返る機会があると、そのときに「そういえば、あのくらいの歳の頃は、近所の子と遊んでいたなぁ」というような感じですね。一般的には、小学校1、2年生くらいになると「楽しかったこと」とか「悔しかったこと」などの強い感情の記憶は大人になっても覚えているかと思います。ただ私の場合は、考える余裕もなく、生活に慣れるのにいっぱいいっぱい……といった幼少期でした。

どんな子どもだったの？

施設の話をみなさんの前で話すとき、「れいかちゃんってどんな子どもだったの？」と聞かれることがあります。私は自分の性格について、どちらかというと内気だと思っていました。感情を表に出さないというか、出すのが苦手だった、という感じです。

当時は多いときで、子ども12人に対して1人の職員さんが交代で寮（現在は「ホーム」と言う。本書では、「寮」という言葉を当時のまま使用します）の生活を見る、という集団生活でした。「今日は私の話を聞いてほしい」と思っても、1対12だと、他の子と先生が話していたら「自分はいいや」と思ったり、自分より年下の子が「先生、先生」と甘えていると「あぁ、やめておこう」とか。そういうあきらめだったり、遠慮する気持ちが施設に入ってから働くようになりました。そんな日々の積み重ねでストレートに感情を出せなくなっていたのだと思います。

また、施設でも学校でも集団生活だったので、どこでも冷静というか、「この場ではこうしていたほうがいいかな」ということを察知すると、一歩引いてしまったり、空気を読んだり……そんなこともいつの間にか身に着いていたと思います。子どもながらに、周りをよく見る、見てしまう傾向が強くありました。施設の先生からも、「れいかさんは鋭く大人のことを見ているような子だったね」と言われたり。

そういうわけで、甘えるまでに時間のかかる子どもでした。「この先生は甘えていいのかな?」「ダメっぽいな」って日々の生活から観察して……。

唯一甘えられたと思うのは耳かきです。身体のふれあいが少ないので、先生の手の温かさや服の匂い、髪の毛を優しくさわってもらえる、あの瞬間が好きでした。甘えるつもりで耳かきをお願いしたのに、「耳の中キレイよ!」って言われて、すぐ終わったときはちょっぴり寂しかったです(笑)。

私のいた施設には同学年の子が多かったのですが、一緒に暮らしているからといって、必ずしも仲良しになるというわけではありませんでした。やっぱり他人同士なので、学校の友だちと同じように、気が合う子がいれば、合わない子もいます。

私の同年代の子たちの内、2〜3割ぐらいは家庭に戻っていきましたが、その子たち以外はみんな高校卒業までいました。施設の環境が良かったということもあるかもしれませんが、基本的には家庭の事情で入所しますので、単純に家に帰れない事情の子が多かったのかもしれません。

また、学校でいうところの転校のように、なんらかの事情で別の施設へ移動するというケースも、少数ですがあります。私が「この子はそうだな」と思ったのは、1人しかいなかったので、例外的なケースだと思います。それぞれの施設でルールがあるので、どうしても合わなかったり、先生の手にも負えなかったりする場合、おそらく児童相談所と相談して移動を決めているのだろうと思います。

私がいた施設ではいわゆる上下関係がきびしい「縦社会」の空気は、そんなにありませんでした。小学生の頃なんかは、高校生のお兄さんやお姉さんが可愛がってくれていました。抱っこしてくれたり、いい子いい子してくれたり……。

もちろん思春期に入ると、先生とケンカしている子たちもいました。感情がぶつかり合

寮のみんなでお好み焼きをつくった写真。左手前が私。

うと、中学生や高校生は体で表現したり、物を壊したりっていうこともあったので、ちょっと怖い一面も……。でも普段はみんな優しかったです。

私もそうでしたが、自分が小さかった時に面倒を見てもらった思い出があるので、自分が年長になると年下の子たちのお世話をしたり、手伝ってあげたりもしていました。幅広い年齢の子どもがいたので、自然なこととして子どもたちに身についていたように思います。

Lecture 2

子どもを支援するしくみ

児童養護施設には、さまざまな資格を持つ職員が働いています。

担当職員のような「先生」たちのほかに、家庭支援専門相談員《かていしえんせんもんそうだんいん》、自立支《じりつし》援担当職員《えんたんとうしょくいん》、臨床心理士《りんしょうしんりし》、調理員、事務員などがいて、チームとして子どもたちを支えています。

施設の規模によって職員数も違いますが、小学生以上の子どもだと、5.5人の子どもにつき１人の割合で職員を配置することとされています。

おもな職員さんの役割表（世田谷区・福音寮の場合）

●**保育士・児童指導員**→朝の支度から夜寝るまで生活を支援してくれる人。この本で紹介している中野先生や村上先生らも保育士や児童指導員の資格を持っていました。福音寮では約 60 人が働いています。

●**家庭支援専門相談員《かていしえんせんもんそうだんいん》**→保護者にヒアリングを行うなど、親の対応を専門としています。よりよい家庭の形を考えることが仕事です。

●**自立支援担当職員《じりつしえんたんとうしょくいん》／自立支援コーディネーター**→子どもたちの自立に向けた支援をホームの職員と一緒に行います。また退所後のアフターケアも職員と共有して行います。

●**里親支援専門相談員《さとおやしえんせんもんそうだんいん》**→児童相談所と協議して、子どもと里親認定された家庭へのヒアリングと調整を行い、マッチング（交流の調整、家庭訪問等）をします。

●**臨床心理士**→心理的ケアの専門職として、カウンセリング業務をしています。先生にお話をしたいときは、予約をしてお話します。また、寮での子どもたちや職員の様子から、子どもに応じたアドバイスを職員へしています。

●**栄養士**→朝昼晩３食の献立の栄養面を確認してくれます。

●**調理員**→朝昼晩の３食、手作りのごはんの調理を補助します。

●**事務員**→子どもたちの措置費《そちひ》の管理やホームの職員の業務を支えています。なくてはならない存在です。福音寮では、約 10 人が働いています。

「自立支援計画《じりつしえんけいかく》」が支援のカギ！

自立支援計画とは、社会規範をみにつけ、生活力を持った自立した人へと成長することを養育の目標とするときに、どのように支援をしていくか１年単位で計画し、共有するための資料です。

施設名 □□児童養護施設			作成者名		
フリガナ 子ども氏名	ミライ コウタ 未来 幸太	性別	○男 女	生年月日	○年 ○月 ○日 （ 11歳）
保護者氏名	ミライ リョウ 未来 良	続柄	実父	作成年月日	×年 ×月 ×日
主たる問題	被虐待経験によるトラウマ・行動上の問題				
本人の意向	母が自分の間違いを認め、謝りたいといっていると聞いて、母に対する嫌な気持ちはもっているが、確かめてみてもいいという気持ちもある。 早く家庭復帰をし、出身学校に通いたい。				
保護者の意向	母親としては、自分のこれまで行ってきた言動に対し、不適切なものであったことを認識し、改善しようと意欲がでてきており、息子に謝り、関係の回復・改善を臨んでいる。				
市町村・学校・保育所・職場などの意見	出身学校としては、定期的な訪問などにより、家庭を含めて支援をしていきたい。				
児童相談所との協議内容	入所後の経過(3ヶ月間)をみると、本児も施設生活に適応し始めており、自分の問題性についても認識し、改善しようと取り組んでいる。母親も、児相の援助活動を積極的に受け入れ取り組んでおり、少しずつではあるが改善がみられるため、通信などを活用しつつ親子関係の調整を図る。				

自立支援計画票 記入例（厚生労働省「子ども虐待対応の手引き」より）

これは、子どもの担当職員、自立支援担当職員、家庭支援専門相談員、その施設の主任職員、臨床心理士らで策定をします。また、子どもの権利を尊重するためにも、その子にヒアリングを行い、希望を聞きながら決めていきます。保護者にも同意が得られるよう、意見交換と説明をします。

職員
中野先生

VOICE

私は自立支援担当職員として、れいかさんの自立支援計画書にもかかわってきました。

まず、その子に合わせた「自立支援計画書」があります。作成後は児童相談所にみてもらいます。 1年の短期、3年の中期、5年の長期と目標を立てます。

れいかさんの場合は、「家庭復帰《かていふっき》」は難しかったので、第1の目標は「社会的自立《しゃかいてきじりつ》」でした。

ホームを出るまでに社会的自立が目標で、そのためにこの子に必要なことはなにか、ということを考えます。

短期目標のための支援計画書は、施設によって違うかと思いますが、うちの場合だと毎年 5 月に作成します。3 月が評価をする月です。5 月に策定、6 月に児童相談所に送ることになっています。そこから 9 月と 12 月に中間見直しをして修正なども加えて調整しつつ、3月までこの支援計画ですすめるというような流れです。

まずは、施設の職員でたたき台をつくり、専門職が赤字を入れ、やりとりを重ねて、児童福祉司に確認をとって、完成ですね。10人くらいの大人がかかわります。目標を立てるためには彼女のいいところと、もう少し力をつけてほしいなという内容を入れるのです。子どもの養育で迷ったり、職員間で意見が割れるようなときには、この計画書に立ち返って、支援を見直しています。

Chapter 3

児童養護施設の特徴

年間行事とイベント

児童養護施設では、年間を通して季節ごとのイベントが盛りだくさんでした。例えば、夏休みはみんなで川や海に行ってキャンプをしたり、ログハウスを借りて泊まったり。川下りや魚釣り、キャンプファイヤー、花火……などいろんなレクリエーションを体験して、とても楽しかったです。

この行事は基本2泊3日なんですけど、先生がスケジュールやレクリエーションを考えてくれて、学年ごとに「旅のしおり」をつくりました。大きくなると、「日常生活では小さい子の面倒も見てね」という感じだったんですが、夏期行事は学年ごとに行動するこ

冬休み、施設の行事でスキー旅行に

とになっていたので、小さい子の面倒を見なくてもいい日。ちょっと解放感がありましたね（笑）。

冬には2泊3日でスキー旅行に、ゴールデンウィークにはみんなで近くの公園に遊びに行きます。夏期行事で登山にも行きましたが、あれは過酷だったな……という記憶しかありません（笑）。一般家庭では、休日に親が子どもをいろんな場所に連れて行ってくれると思いますが、それと同じです。施設のほうが豪華かも、といまは思ったりしますが。

誕生日にはお祝いもしてくれました。先生と一緒に誕生日ケーキをつくったことを思い出します。たしか、誕生日の人へのプレゼントは、次の誕生日の人が渡すというルールがありました。毎年必ず、本のプレゼント（予算1000円）もあります。

クリスマスにはサンタさんが来てくれて、一人ずつ、直接プレゼントを手渡してくれます。小さい子は先生に「なにがほしいの？　サンタさんに手紙書いてね」と言われ、大きくなると、先生に「私はこれが欲しい」と直接伝えて買ってもらっていました。

小学校3年生の時、当時私のいた寮の職員だった村上先生から聞いた話によると、「お茶犬」というキャラクターが好きで、そのキャラクターのおもちゃを欲しがっていたとのことです。

村上先生がサンタさんに手紙を渡してくれるというので、絵柄がついたかわいい紙に「お茶犬のタンス（タンス型のお茶犬の家）がほしいです。サンタさんお願いします」って書いて丁寧に折って持ってきたそうです。でも、ちょっとして急に「一個忘れてた！」と言って、今度はノートの切れ端に「あと、お茶犬の人形もほしいです」と追加で書いてきた、と（笑）。グッズだけじゃなくて、人形そのものもないと遊べないことに気づいて、慌てたんでしょうね（笑）。

オンラインで取材したとき、村上先生はご自宅にいたのですが、その手紙をいまも持っていてくれて、ビックリしました。退職したあとも私だけじゃなく、子どもたちからもらった手紙を残してくれていたことを知り、なんだか恥ずかしかったです。先生にとっては宝物なのかな？

行事への参加は基本的に自由なのですが、旅行系のイベントは全員参加ということになっていました。施設では子どもの思い出を残すことを大事にしていたので、普段ももちろんですが、行事の時には写真をたくさん撮ってくれていました。

あとからアルバムをつくってもらえますし、ちゃんと保管されているので、見たいと思えばいつでも見れるようになっています。私もこの本を書くにあたってアルバムを見返したのですが、本当にいろんな瞬間が切り取られていて、忘れていた思い出もよみがえってきました。

私にとって、施設は実家とは違うのですが、私を知っていてくれる人がいて、入所したときから退所までの記憶がある、思い出の宝庫です。

施設の部活動

施設では、小学生~中学生が入部できる「部活動」がありました。私は小学校2年生からバレーボールをはじめました。

部活をやるかやらないかは本人の意向によるんですが、施設の先生に誘われてやっている人が多かったです。私は、お姉ちゃんがバレーボールをやっていたので「私も!」という感じではじめました。

東京都では、都が主催する児童養護施設対抗のスポーツ大会が年に2回、開催されていました。場所は東京体育館。いろんなスポンサーの方がついているので、大きな会場を借りてくださっていたんですけど、結構本格的な国際試合もするような会場だったので緊張しました(笑)。

競技種目は野球、サッカー、バレーボール、ドッヂボールがあって、それぞれの競技で施設から1チーム出場し、トーナメント戦が行われていました。

出場できるのは小学生から中学3年生まで。なかでも野球は男子だけ、バレーボールは女子だけ、サッカーは男女どちらもOK。ドッヂボールは小学生の男女混合チームというように分かれていました。出場したい場合は、事前に自分の部屋の担当職員さんと話し合いで立候補します。私は、一番多い時でバレーボール、ドッヂボール、サッカーに出場していました。歴代の先輩含め優勝したトロフィーはいまでも施設に飾ってあります。

練習は施設内のグラウンドや、土日は小学校の体育館を借りてやっていました。ときどき練習試合で他の施設に行くこともあったんですが、なかなか行くことがないので、どこかワクワクした気分で遠足のようでした。

一時保護所からどこの施設に入所するかは、タイミングや縁で決まります。行く施設によって校風といいますか、文化やルールに違いがあるのですが、自分が入る可能性もあった場所です。施設によって違う雰囲気を見て、「へぇ～、ほかの施設はこんな感じなんだ！」とものめずらしい気持ちでした。

印象に残っているのは、あるキリスト教系の施設。施設にシスターさんがいて、「えー、なにこれ！　すご～い」ってビックリしたのをすごく覚えています。

練習試合のときは、施設の調理員さんがお弁当を作ってくれて、ちょっとしたイベントのような感じでした。

施設の子も一緒にピアノ教室の発表会に参加します

小学校のときの習い事

塾やピアノ、体操など小学生から習い事をはじめる人は多いですよね。

施設にいる子どもたちの習い事は、お金がかかるものについては、どれだけ施設が柔軟に対応できるかだと思いますが、わりと希望が通ると思います。施設によって、予算のとりかたや個別対応をどうするかなど、細かい違いはあります。

私個人としては、習い事に関しては特に不満はありませんでした。他の子たちがどんなことを習っていたのか、意外にも全然知りません。そのあたりはお互いにあまり干渉していなかったと思います。

私は小学5年生からピアノを習っていました。先生はボランティアの方。決まった日に施設に来て、教えてくれていました。

施設に入りたての頃、年長の子がクリスマス会でピアノを演奏するのを見ているうちに、「かっこいいな、弾いてみたいな」と思ったのがきっかけです。

基本は申し出れば習うことができるので、すぐに先生に「習いたい」と言ったんです。でも、ピアノを習うことができる定員が決まっていて、その時はちょうど定員いっぱいで……。それでもあきらめきれずにずっと「やりたい」と言い続けていたら、やっと順番が回ってきたのが2年後でした。

レッスンは毎週1回、30分から長い時で1時間ぐらい。マンツーマンで、じっくり教えてくれました。

ピアノの先生とは、退所前に2人きりでお花見をしたり、外でお茶をしたこともあります。ボランティアという領域を超えて「個」でつながれる関係を築けるのはとても貴重なことだと思います。施設の職員にも信頼されているボランティアさんでした。

小学生の頃は、内気ながらもどこかに「表現したい自分」がいたのかなと思っています。

学芸会では劇のナレーター役をやってみたり、小学校5年生の時には、ヒロインのような役にも挑戦したこともあります。ピアノも習いはじめ、お芝居や音楽などにはとても興味も意欲もあって、それがうまくできたときにはすごくうれしかったですね。

施設でのイベントの時には、ピアノを弾く機会があったのですが、そうしたときにはよくみんなの前でも弾いていました。

私の担当職員さん

学校でクラスに1人担任の先生がいるように、施設にも担当の先生がいました。

1つの寮の子どもたちに対して、だいたい3人の先生が交代で勤務するんですけど、その中で、ざっくりですが、持ち回りで子どもの担当が決まっていました。

基本は女性2人、男性1人という職員の配置が多いので、女性の先生が多かったです。

私がいた施設の場合は、「先生」と呼ぶのがルールになっていました。ほかの施設だと、名字に○○さんとか、お兄さんお姉さんって呼ぶところもあるようです。先生と言いつつも、一方では寮とか家庭のようなアットホームな場所なので、もちろん親のように頼ってもいいという前提はあったと思いますし、そういう子もいました。私は、いい距離感を保っていたんじゃないかなと思います。

ここで、担当の先生たちとの印象に残っているエピソードをいくつか紹介します。

小学校2年生から4年生までの担当だった村上先生。当時20代半ばぐらいで、新卒1、2年目の時に私の担当でした。

先生は洋服を選ぶセンスがよかったので、「村上先生の買う洋服はかわいい」と言って、女の子からは人気がありました。私も先生が選んでくれたものは、気に入って着ていました（笑）。

子どもの服代も一人あたり年間約4万円と予算があります。欲しい服がある時は先生に「こういうのが欲しい」と伝えたり、先生もわざわざ勤務時間外に買いに行ってくれて「れいかさんのあたらしい服、買ってきたんだよ」と持ってきてくれるのは、うれしかったです。女の子は結構通る道かなと思うんですけど、一度、私がちょっとヒールの高いサンダルを、「かわいい、履きたい」と言ったことがありました。駄々をこねる、ではないですが、すごく欲しがる私に先生は「どうせ足が疲れるでしょ」と言いつつも、結局私の意見を聞いて買ってくれたんです。

私はそこまでしか覚えていなかったんですが、あとで先生から話を聞くと、後日談があ

「寮」のみんなとの写真。手紙のやりとりをしていた先生と私（中学３年生）

りました……。喜んでサンダルを履いた私でしたが、案の定、足が痛くなって、すぐ履くのをやめちゃったそうです（笑）。そんなベタなオチがあったとは……と先生に申し訳ない気持ちになったと同時に、大人からすると、「履かない」ところまで結果が見えていたようなものなのに、私の気持ちを汲んでくれていたっていうのは、とてもうれしいなと思いました。

他にも学校で友だちと交換日記をするのが流行っていて、その延長線上で先生と手紙のやり取りをする、ということをしていました。

二段ベッドの下の段で寝ていたんで

すけど、夜寝ている間に先生が手紙を書いてくれて、枕もとの壁のところに貼ってくれていました。直接交換もできたのですが、私たちが寝ている間に先生が退勤するシフトのときもあるので、こんなやりとりがはじまりました。

朝起きて、パッと壁側を見ると「あ、返事来てる！」とうれしかったです。コレクションというか、集まった先生の手紙をバーッと壁に貼っていました。ディズニーのキャラクターの「スティッチ」が好きな先生で、スティッチの絵柄のメモでいっぱいにしていましたね。手紙の内容は他愛ないものですが、印象深い思い出です。

Lecture 3

「おうち」としての施設をスケッチする

寮のリビング

寮は、一つのユニットに7～８人が暮しています。各キッチンで先生がその日のごはんをつくり、リビングで食べます。ここには、テレビやゲームがあるので、子どもたちが学校から帰ってきて遊んだり、食後にテレビを見て過ごします。各子どもの個室はリビングとつながっています。

VOICE

福音寮 理事長
飯田先生

子どもにとってここは第2の家です。シセツとか病院ではないということを忘れないようにしないとね。2000 年に改修して、一般家庭に近い環境に近づくように各部屋に玄関をつくり、子どもたちはそこを出入りします。環境改善のため、いままで何度も増改築をしています。

職員室

職員の仕事部屋です。こうした職員室が福音寮には何か所かあります。教材や子どもの本もたくさんおいてあります。

元担当職員
村上先生

VOICE

子どもは成長がとても早く、1年経つと去年の服が着られない、なんてことも。きれいなものは、お古っていうかたちで、年下の子に譲ったりすることは多かったです。担当同士の間で、衣替えのときにはいろいろ交換もしていましたね。

Breaktalk

幼馴染モトキと施設についてトーク!

れいか:私が施設で暮らしているって知ったのはいつごろ?

モトキ:小学校3、4年生くらい。少年野球の練習の帰り道、チャリンコで走ってるときに、「ここに田中も住んでんだぜ」って聞いて。「えっ、こんないい家住んでんの」つって。

ここはみんなで住んでいるんだって聞いて、「なにそれめっちゃたのしそう」と思いました。めっちゃ楽しそうって感想かな、最初。

れいか:小学生男子っぽいな~(笑)いいね!

モトキ:中学生くらいのときは、大変なんだなって思った。親と一緒に住めないしさぁ、あとやっぱ、結構中学生くらいだと多感な時期じゃん、それに共同生活じゃん。どうだったのか逆に聞きたいよ。

れいか:共同生活ねぇ。学校で絶対仲良くならないタイプでもさ、同じ空間にいるからさ、話さないわけではないよね。そんな人とも仲良くなれるから施設は面白いかな。

Chapter 4

思春期と集団生活

部活と不登校

小学校を卒業後、地元の中学校に進学し、女子バレー部に入部します。中学時代の記憶として強く残っているのは、部活と地域の方たちの存在です。

一番に思い出すのは、バレー部の友だちのお母さん。この方はママさんバレーをやっていたこともあって、部活の練習試合の時に応援にきてくれたり、差し入れを持ってきてくれたりと子どもたちと積極的に関わっていたんです。

おそらく私が施設で暮らしていることは知っていたと思うんですが、そういう複雑な事情に触れもせず、めちゃくちゃ普通に接してくれていたというか、「田中れいか」という一人の人として見てくれていた感じがあって、うれしかったです。実際、どんな思いで私のことを見てくれていたのか、聞いてみたいなぁとも思います。

思春期にさしかかると、小学校の時とは人間関係が変わり、気持ちも不安定になりやすい時期です。そんなときに、私を正面から見てくれる人の存在はとてもありがたいですし、いまでも感謝しています。

実は、中学校2年生の時、しばらく不登校になった時期もありました。2週間ほどでしたが、学校に行けず、施設で過ごしていました。

不登校の原因としては、部活内でいわゆる「ハブ」られたからです。私が1年生からレギュラー入りしたことに対する嫉妬みたいなものとか、ですかね（笑）。大人になったいまでは笑っちゃうんですけど、男子バレーボール部と合同練習している時に「れいかは男子に色目を使ってる」とか言われて、ターゲットになってしまいました。

同じ施設の子に同じくバレー部の子がいたのですが、彼女でさえも私を無視したり、突然「一緒に学校行かないから」って言ってきたりして……なんか最悪でしたね（笑）。

思春期特有の女子学生の「あるある」みたいな感じだと思いますが、当時はやっぱりそれなりに大変でした。

登校できるようになったきっかけは、部活の子が施設に来て、「一緒に学校に行こう」と誘ってくれたことが大きかったと思います。はなちゃんという仲の良い子でした。あとではなちゃんに聞いたのは、バレー部の顧問の先生が、「れいかみたいな子は部活が一つの居場所になるんだから、絶対連れて来い」と言っていたとのことです。この方は体育の先生で、ちょっと厳しくて、サバサバしている「おばちゃん先生」でした。「先生、そんなことを言ってくれたんだ」とありがたくなったのを覚えています。先生に言われたことをちゃんと受け止めて、迎えにきてくれたはなちゃんもすごいし、そういう背景があったと改めて知ったいま、私はまわりの大人たちに本当に恵まれていたんだな、と思います。


不登校中、施設の先生には、学校に行けない理由をあまり聞かれなかった記憶があります。先生方の方針として、無理やり聞きだそうとしない、ということだったのかもしれませんが、子どもながらにそれに助けられていた部分もあったように思います。

私自身、「学校に行こう」という気持ちはありました。

でも朝、制服に着替えて施設の門を出ようとすると、門の前で「あ、やっぱり行けない」

と足が止まっちゃって、引き返す日々が続いて……。

「行きたいけど、行けない」というもどかしさを抱えていたのを施設の先生も察したのか、そっとしておいてくれていた感じもあったと思います。その一方で、関係性のある他のホームの女性職員さんがわざわざ来て話を聞いてくれたこともありました。

　そのうち、だれかが「保健室から行ったらいいんじゃない？」とアドバイスをしてくれて、最初は保健室登校からはじめました。保健室の先

中学時代。地域のお祭りに同じ施設の子を連れて行く

生も優しく接してくれて、徐々に行けるように。

施設職員の中野先生と学校の先生は電話などでやりとりをしていて、連絡を取り合いながら様子を見てくれていたのだと後になって知りました。

学校に行かない日が増えると、逆に行きづらくなる気持ちも増していきます。緊張の教室登校の日。ガラガラ……と教室を開けると、なんら変わらぬ顔で教壇に立つ担任の姿が。「な～んだ」と思うくらい、ふつうに授業に参加できて、次の日から登校できるようになりました。部活はしばらく気まずいままでしたが……。

気持ちの波と集団生活

ちなみに中学時代には、授業と部活の両立がうまくできないなど、気持ちに波があって、朝起きられないことが増えてしまった時期でした。

中学校行事の体育祭とか文化祭が終わるとクラス単位で打ち上げがあるんですけど、生活態度を問われ、施設の先生から「そんな生活態度で行けるわけないよね？」って厳しく注意を受け、打ち上げに参加する許可が出ず……なんてことも。

自分が悪いのはわかっていたけど、楽しみにしていたイベントに行けなくなったのがすごく悔しくて、当時は先生に反発したんです。結構言い合ったんですけど、ダメでした。そういう言い争いを2回ぐらい繰り返した結果、「きっと先生になにを言っても変わらないんだ。それならもう（自分の要求を）言うのはやめよう」という考えになりました。先生一人と話したところで、意味がない。結局、先生たち全員で会議をして、職員というチームとしてどういう指導をしていくのか、というルールに従って動いているんだろうなと感じ取ったので、そこから気持ちを押し通す、みたいなことは良くも悪くも減りました。施設では、理事長をはじめ職員が保護者なので、不適当だとみなされ許可がでないことは勝手にできません。職員には指導と監督の責任があるということですね。実際に飯田先生との話で、「親権代行者」としての責任があり、「他の家庭の大事なお子さんを預かっているので、親として心配だったら制限をかける」ということを言っていました。

施設での生活は、常に集団生活ですし、自室は個室でしたが、ドア1枚で他の部屋とつながっています。どこかでワーワー騒いでいるとか、テレビの音とかいろいろ聞こえてきます。物理的に一人にはなっていても、心はなっていない、みたいな感じがありました。中高生になってくると思春期特有の怒りや葛藤、いろんな複雑な感情が出てくるように

右から３番目が中学２年生の私。ピアノの発表会の記念写真

なりましたが、そんな時私の「逃げ場」になったのがピアノでした。

ピアノはみんなの居室からは離れた3階のホールに置いてあったので、個人練習をしたいときには先生に鍵を開けてもらって入室するので、ほぼ一人の状態になれたんです。その一人の空間で、ピアノを好きに弾いたり、ときにはただただボーッとしたり。

余計なことなど考えずに好きなことができて、とても落ち着く時間でした。雑音が聞こえると、そこに意識が向いてしまう癖もついていたので、完全に一人になれるような、なにも気にしなくてもいいピアノの練習部屋が、とても心地よかったです。

その時間が、心を静めてくれ、いい影響を与えていたのは間違いありません。

中学校の頃は、自分が施設で暮らしているという事情をクラスや部活のみんなに知っていてほしかったかというと、隠したいというわけではないものの、それほど知ってほしいとも思っていなかった、という感じがあります。

ただ、私の地域の場合は、施設の存在が認知されていましたし、私が施設で暮らしていることを親御さんから聞いたクラスメイトもいたようです。これは、後になって知りました。学校の保護者たちが集まる会に私の施設の先生が出席していて、「田中れいかの担当の○○です」と自己紹介していたとのこと。保護者の間で、そういう情報共有があるのとないのとでは、子どもたちの意識もちょっと違ってくると思います。

地域社会ときちんと関係性を作って、連携してくれていた施設の先生たちの努力には感謝しかありません。ですから、大人になってこの活動をはじめたとき、「地域」という単位で周知を図ることの大切さが身に染みてわかりました。

Lecture 4

施設の生活をみてみよう！

施設ではどんな一日を過ごしているの？

平均的な平日・休日のスケジュールです。学齢によって過ごし方はさまざまです。

施設ならではの特徴としては、小学生は「職員さんと1対1で遊ぶ」時間が 30 分ずつあること。みんなの時間を足して、大人数でボードゲームやUNO、神経衰弱で遊ぶこともありました。盛り上がって楽しかったなぁ！

平 日

6:50	起床
7:20	配膳・朝食の準備
7:30	みんなで朝食
8:00	学校へ登校
⋮	⋮
16:00	学校から帰宅　宿題 or 友だちと遊ぶ
17:00	小学生門限　幼児さん / 小学生お風呂
17:45	中学生門限 & 夕食の準備
18:00	みんなで夕食
19:00	自由時間（主にテレビ鑑賞）
19:30	1 ～ 3 年生が職員さんと遊べる時間
20:00	1 ～ 3 年生就寝／4 ～ 6 年生が職員さんと遊べる時間
21:00	4 ～ 6 年生就寝／中学生はテレビ時間
22:00	中学生就寝／高校生はテレビ時間
23:00	高校生就寝

VOICE

元担当職員
村上先生

子どもが学校から帰ってきたら、宿題に取り組み、明日の時間割をそろえて、遊びに送り出します。友だちの家や公園など、ごはんまでの時間は自由に遊んでOK。小学校の時はよくお友だちも来ていましたね。遊びに来た子も一緒にみんなでおやつ食べたり。

休日

7:50	起床
8:20	配膳・朝食の準備
8:30	みんなで朝食
9:00	テレビ時間
10:00	自由時間
11:45	配膳・昼食の準備
12:00	みんなで昼食
13:00	自由時間
⋮	⋮
17:00	小学生門限／幼児さんと小学生お風呂
17:45	中学生門限 & 夕食の準備
18:00	みんなで夕食
19:00	自由時間（主にテレビ鑑賞）
19:30	1～3年生が職員さんと遊べる時間
20:00	1～3年生就寝／4～6年生が職員さんと遊べる時間
21:00	4～6年生就寝／中学生はテレビ時間
22:00	中学生就寝／高校生はテレビ時間
23:00	高校生就寝

職員
中野先生

VOICE

中学、高校と大きくなると、部活やアルバイトの影響で生活が乱れる子もいますね。

職員である私のやりがいは、ふつうの日常生活。ごはんを食べながら「ああでもない、こうでもない」とお話することです。喧嘩もあるけど、子どもたちと関係性が深まってくるのが楽しいのだと思います。

休日は寮のみんなで遊びに行くこともあります。このときは、ビリヤードをしました。

施設の行事はどんなことをするの？

季節ごとに行事があり、ボランティアさんが手伝いにきてくれます。

年間行事

1月	お正月
2月	豆まき
3月	旅立ちを祝う会
8月	夏の遠征行事
10月	秋のマラソン大会
12月	クリスマス会

元担当職員
村上先生

VOICE

３月の「旅立ちを祝う会」は、元職員も招待されます。私も退職後、担当していた子どもが施設を退所するまで毎年行かせてもらいました。みんなで寮歌を歌うのですが、そのピアノ伴奏はれいかさんが弾いていて、年を追うごとにうまくなっていくのです。すらすら弾いていて。努力したんだなぁとか、成長を感じる行事です。

習い事、課外活動はできるの？

厚生労働省では「児童養護施設運営指針《じどうようごしせつうんえいししん》」において、可能な限り子どもが望む「習い事」をさせるよう示しています。

“主体性、自律性を尊重した日常生活
主体的に余暇を過ごすことができるよう支援する。・子ども興味や趣味に合わせて、自発的活動ができるよう支援する。・学校のクラブ活動、外部のサークル活動、子どもの趣味に応じた文化やスポーツ活動は、子どもの希望を尊重し、可能な限り参加を認める。”

(児童養護施設運営指針「1．養育・支援 」 平成24年3月29日 厚生労働省雇用均等・児童家庭局)

継続型の習い事の一例

- ピアノ
- 絵画教室
- ダンス
- 少年野球
- 少年サッカー

個別の対応になってしまうので、お金がかかる場合は職員会議が必要ですし、送り迎えの有無なども考慮して、許可するかどうか決めます。ボランティアの方が教えにきてくれるなど児童養護施設ならではの習い事も。単発だとプログラミング教室があります！

塾には通えるの？

通えます！　塾代は、教育費とは別に「特別《とくべつ》育成《いくせい》費《ひ》」という予算が組まれています。私が高校生の時は、この制度の適用外だったので、日本大学文理学部のサークルが主催する無料の学習塾に行っていました。受験の時は、この予算を利用して塾に通えました。

福音寮 理事長
飯田先生

VOICE

塾代は、高１・高２で東京都から出るのは月２万円、高３になると２万5000円。いま、入所している高校生が医学部に行きたいと言っているんだ。私としてはもしかしたら医学部に行けるかもしれないし、夢は大事だから、サポートしてあげたいと思う。塾代はけっこう高くて、月に８万とか９万くらいかかり、加えて夏期講習などもあります。

パソコンやゲームは自由にできるの？

【パソコンについて】

パソコンは一つの部屋に1台配置されていました。私の施設では、７～８人が一つのユニットとして、同じ部屋で生活をしていたので、７～８人で１台のパソコンを使うことになります。利用時間は1日あたりひとり1時間でした。現在は、NPOからの寄贈のおかげで高校生になると1人1台ノートパソコンを持っています。

【スマホについて】

スマホの支払いは、もともとは予算には入っておらず、私がいた頃はアルバイトをしている子が持つルールでした。現在は変わっていて、2022年

10月に厚生労働省から「措置費」の中からスマホの端末代と通信費を出してもいいと示されました。実際には、ねん出がむずかしい施設もあるようですが、少しづつ変わってきています。

職員
中野先生

VOICE

いまは、高校に入学が決まるとスマホを持つことができます。特別支援学校の子どもは基本的にアルバイトができないので、そうなるとスマホを持てないということになってしまう。それはちょっと違うよねということになって、おこづかいで払えるプランならOKにしたり、貸与もはじめています。

【テレビゲームについて】

誕生日、クリスマス、お年玉など予算が決められていますが、子どもが好きなものを買える機会があるので、そこでゲーム機を買うことができます。普通のおもちゃよりも高額なので、たりない分はおこづかいを貯めるなど子どもなりに計画して購入していました。また、企業からの寄贈もあります。ゲーム時間は、学齢によってきめられています。いまは中学生になると、時間制限をせず、自己管理させているそうです。福音寮では、小学校低学年は30分で、小学校高学年は45分というルールがあるのだと聞きました。

おこづかいはあるの？

おこづかいについて（月1回／全国平均 n=50,149）

		全国平均	私の施設
小学生	低学年	1004円	1500円（1～3年生）
	中学年	864円	
	高学年	1085円	1600円（4～6年生）
中学生		2536円	2800円
高校生		5114円	5500円

（参考：「子どものくらしとお金に関する調査）第3回2015年度調査「知るぽると金融広報中央委員会」）

だいたい一般的な家庭と変わらない水準のおこづかいをもらっていることがわかります。

他の施設ではいくらおこづかいをもらえているのでしょうか？Ｙｏｕｔｕｂｅや SNS でいただいたコメントを紹介します！

私の施設では部活をしていると＋1,000 円、誕生日月だと＋2,000 円という、おこづかいに＋αもらえるルールがありました！
（施設出身者）

私が働いていた施設では小学生：1,000 円・中学生：3,000 円・高校生：4,000 円が毎月のおこづかいでした！（元職員）

小学生の頃は漫画雑誌やシールなどを買ったり、中学生の時はマックに行ったり、プリクラを撮ったりするときに使っていたかな。基本は職員さんが鍵のかかる場所でみんなのお金を保管・管理し、子どもたちは使いたいときに職員さんと相談しながら使用しています。また、お金を使ったらおこづかい帳を書くことが義務づけられており、①使ったらすぐに記入、②毎月「収入・支出・残高」を書いて提出するなど、金銭管理をすることが習慣になっています。

Breaktalk

学校の先生が見た「施設」
―― 元中学校教員千石《せんごく》先生とトーク！

４月のある日、中学校の頃にお世話になった元中学校教員の千石《せんごく》先生に会いに行くことに。

学校と施設の連携や印象について当時の話を聞いてみたよ！

れいか：千石先生!　お久しぶりですね～!

千石：久しぶり、元気そうですね。今日は職場まで来てくれてありがとう。

れいか：いえ、こちらこそお邪魔します。

今日は、私が中学生だったときの話と、児童養護施設出身の子どもたちの受け入れについて、公立中学校はどういう対応をしたり、大人たちの連携があったのかをお聞きしたいです。

千石：なるほど。私たちの中学校の場合に限った話になると思いますが、年に１回、

Breaktalk

春先に学校の先生たちでぞろぞろと施設に行ったときがあったでしょう。
新学期がはじまると、研修として施設にお邪魔していました。今年は、こういう生徒がいます、このような環境で生活しているので理解しておいてください、という打ち合わせがあります。
施設はすべての学区にあるわけではないと思うので、そこではじめて施設について知る先生もいましたね。

れいか：部屋を見せたりもしていましたよね？

千石：家庭訪問って感じかな。強制的な感じだけど…。いまは小学校も中学校も家庭訪問をやらないところが多い中で、複雑な事情だったり配慮しなければいけないということがあるので。

れいか：個別の生徒の事情とかも聞くのですか？

千石：そうだね、聞かせてもらいました。個人的な点に関して根掘り葉掘り聞く、という感じではなく、「こういう点に気を配ってあげてくださいね」という感じで。私の担当教科（技術）は、全校生徒と関わる教科なので、自分のクラスや部活動で関わらない生徒のことも、みんなのことを知っておいたほうがいいな、という思いで聞いていました。

れいか：保護者との学級懇談会に、施設の先生たち来ていましたよね？

千石：そうだね、若い職員がいらっしゃっていた。施設のことを知らない保護者にとっては、「中学生の保護者にしては随分若い人がいるなぁ」と不思議に思ったかもしれない。
子どもにもいろいろな子どもがいるけれど、大人にもいろいろな人たちがいて、いろいろな考えがある、ということを考えさせられたりもしました。小中学校の子どもたちというのはこれから成長して思い出をつくっていく、未来をつくっていく側だけど、大人はそうではなく、生い立ちとかを見るというか、過去を見るというか……。

れいか：中学校の同級生に聞いてみたのですが、「なんとも思ってなかった」みたいな感じでした。子どもって、いい意味で友だちの抱える背景とかは考えない。いましか見ていないから。そういうことを考える視点はない。子どもと大人の見方の違いがあるなと思いました。

千石：そうだね。どちらかと言えば問題は大人側。子ども同士は仲よくしていたり、部活動が一緒だったり、「○○ちゃんは施設の子だから……」ということを口にするのはいつも大人。私はそんな困った考え方を持った人の話を直接は聞かなかったけど。

れいか：そうですか。先生は、毎年クリスマス会にも来て下さっていましたよね。

千石：そう、呼んでくれていたよね。田中さんはいやそうにしていたけど（笑）

れいか：それはそうですよ！　出し物をするのに、学校の先生がいるんですから（笑）

千石：いやがりつつ、うれしいかと思って毎年行っていた（笑）。でもね、授業や部活動とは違う姿を見られたのですごくよかった。「ピアノ弾けるんだ!」「踊りが上手い!」

Breaktalk

とか。

れいか：普段と違う雰囲気というか、その人を見たい？

千石：そうそう。「おお、すごい真剣にやっているぞ!」とかね。

れいか：そういう施設で育った子どもたちをどう見てらっしゃいましたか？

千石：私は社会人を経て、遅めに教師になったから、だから、なんでも新鮮だった。知識としては、こういう施設があるということを知っていたけど、そこで生活している子どもたちを目の当たりにして、頭で思い描いたり、新聞で読んでいた子どもたちとは違った。いままでのそだちや環境がどうであれ、学校側でやることは普通の子と同じように接してあげればいいのだろうなくらいの感じ。特別かわいそうな子どもたち、という印象も感じなかったし……。

れいか：そうなんですね、安心しました。施設って、雰囲気が明るくてきれいですよね。

千石：そう、きれいだよね。あと、施設との研修会は「私は去年行ったからいいよ」ではなく、学校も施設も先生も毎年入れ替わるし、学年も変わったりするし、毎年行った方がいいと思う。受け入れる側も時間をつくらないといけないし、大変だけどね。

れいか：研修はどのくらいの時間でしたか？　なにをするのでしょうか。

千石：だいたい平日の放課後、２時間～２時間半くらい。特になにか議論するような場ではないので情報共有して終わりですね、学校側も施設側も。

れいか：学校との連携はどう役に立つのでしょうか？

千石：なにか問題や相談ごとがあったときに連絡するときの安心感って感じかな。一般の家庭と一緒。「あの子は学校で最近こんなことがあったので、家でも様子を見てあげましょうね」とか。

れいか：相談するにしても、顔を合わせて話してみないと信頼も生まれないですよね。

千石：そうだよね。たぶんそこに気がついた人が研修をはじめてくれたのだね。

れいか：施設で話を聞いたとき、飯田先生が「学校との連携が必要だと思って意識的に呼びかけて実現した」って言っていたので、そこがスタートなのだと思います。

千石：そうなんだ!　学区内に施設がある学校はどこでもやったほうがいいと思うな。

れいか：施設出身の子どもへの学校での進路指導などは、どうだったのでしょうか？

千石：その当時は進路指導する立場ではなかったからわからない部分もあるけど、都立高が優先くらいで他の子と差はなかったはず。もし、いま学校現場に戻って、私が施設の子どもたちの進路指導をするということになったら、「大学進学」を意識させるかもしれない。教員をしていた頃は、（施設の子どもたちは）高校進学した後は専門学校などに行って、早く独り立ちできる道がいいと思っていた。お金のことも大変だからね。でも、パソコンやネット環境の普及によって、田舎の山奥にいてもオンラインで授業をしたり、支援を受けたりできるようになったので、相談してくれれば解決策があるかもしれない。奨学金を出す民間の組織も増えていると思うし。そういう意味でよい時代になってきていると思う。

Chapter 5 私と家族

ここで、私の生い立ちには欠かせない「家族」の存在についてお話したいと思います。いろいろな家族がいるのだと、あくまで施設出身者の一例として読んでください。

お姉ちゃんとお兄ちゃん

私たち兄弟のことを一番考えてくれていたのはお姉ちゃんです。施設に入る前の話になりますが、お母さんが家を出た時、実はお姉ちゃんは持っていた携帯電話でお母さんとやり取りをしていました。「お母さん、隣駅のアパートに住んでるんだよ」というようなこともこっそり教えてくれました。

私とお姉ちゃんで、お母さんに会いに行ったこともあります。その時はお姉ちゃん自身も、「お母さんなら絶対自分たちを連れ戻してくれる」とか「お母さんなら絶対見捨てない」と思っていたそうです。

でも結局、施設に入ることになってしまい、その後、家庭に戻れそうな感じが全然なかった……。それでお姉ちゃんの、お母さんに対する思いが変わってしまったようです。

小さい子の面倒をみて、成績優秀で、まじめなお姉ちゃんでしたが、高校1年生の頃に施設を出て行ってしまいました。そのとき私は別の寮で暮らしていたので理由はわかりません。

あまり詳細には覚えてないけど、事前にお姉ちゃんから施設を出て行くことは伝えられていたと思います。お姉ちゃんは出たいという気持ちが強かったので、施設との関係は円満ではありませんでした。お父さんには、施設からなにかしら連絡がいっていたと思います。施設では、そうやって半ば家出同然で出て、そのままになっちゃう人もやっぱりいました。

退所のとき、お姉ちゃんは私宛に手紙を残してくれていました。

「私はこういう決断をしたけど、れいかは最後まで施設にいなよ」って。

施設にいる間、その手紙を何度も読んでは泣いていましたが、「その思いは大事にしよう。お姉ちゃんに言われた通り、最後まで頑張ろう」と思いました。その手紙はいまも残っています。また、手紙の中で、「れいかだけは好きなことやってね」とも言ってくれました。お姉ちゃんが結果としてあまり良くない退所をしてしまったので、先生からは「連絡を取っちゃいけない」と言われていました。でも私は携帯の電話番号を暗記していたので、施設の電話を借りて、こっそり連絡していました。たしか、一回バレて怒られたことがあります。

要するに、こちらから外部の人へのアプローチは自由にはできないんです。「家族なのに、なんで!?」とか思ったり、そういうストレスはやっぱりありました。

お兄ちゃんは小学校5年生のとき学習障がいだと診断され、特別支援学校に通っていました。3人で同じ施設に入れたのはよかったけど、施設の規則をやぶるようなことをしてしまい、障がい児の養育をしている他の施設に移りました。実はそこからは連絡を取り合ってもいないですし、いまもまったく会っていない状態です。お兄ちゃん、どうしているのかな……。

子どもと親の交流

親子関係に関しては、基本は児童相談所の人と施設の職員さんが話し合って、様子をみることになっています。子どもたち一人ひとり「この子は親とこんなふうに交流を重ねていきましょう」という方針を決めるのです。そこでその子どもの担当の児童福祉司さんからの許可が出ると、親との面会や外出ができるようになります。交流の頻度も、会えるか会えないかもその子どもの事情によってさまざまです。

私は施設に入って、その年の冬ぐらいからお母さんとは面会をしていて、外出、翌年からは外泊の許可も出ました。

また、年に1回「今後、両親とどうなりたいか」ということを個別に聞かれます。職員さんが自立支援計画というものを作成するにあたって、子どもの意向を確かめるために聞く質問です。

施設としては、可能な限り親と連絡を取って、子どもたちと親の間に入ってつないでくれていたと思います。基本的に、途切れてしまった親子関係をどうやって回復していくか、ということを考えます。

交流の流れとしては、最初は手紙でやりとり、次に面会、そのあとは段階的に、外出、短期の外泊、長期の外泊、そして家で普段の生活を送るための練習……などいくつかのステップがあり、それをクリアし、家族の関係回復が見られ、状況が整えば家庭に戻る、というような感じです。

お母さんとの交流

お母さんとは毎月1回、外出していました。回数としては多いほうだと思います。

基本は先生が窓口になって日取りを決めて、私に「○日の何時からお母さん来るよ」と伝達されます。行きたい・行きたくないという要望も先生に言えば、伝えてもらうことができます。

私の場合だと当日11時にお母さんが迎えに来て、夜の7時までずっと一緒にいました。これが外出時間の最大限だと思います。外出は毎回、ほぼ池袋。サンシャインシティの水族館やナンジャタウン、映画館などによく行っていたことを覚えています。お姉ちゃん、お兄ちゃん、私と子どもたち3人が全員いたお出かけでは、映画の『ハリー・ポッターシリーズ』とかみんなで楽しめるようなものを観ていました。

お母さん、お姉ちゃん、お兄ちゃんとの外出

親との外出時、飲食したりレジャー施設で遊んだりするのは問題ありませんが、洋服や雑貨、おみやげなど、施設に持ち込むようなものは、ほかの子どもたちとの不公平感を作ってしまうので、買ってもらってはいけないというルールがありました。

交通費とかご飯代はお母さんが持つので、おこづかいも持って行きませんでした。

お母さんと出かけられるのは、もちろん楽しかったですし、やっぱり別れるのが寂しかったですね。

お母さんと外泊してもよいという許可が出てからは、夏休みと冬休みにそれぞれ1週間ぐらい、ほぼ毎年のように、新潟のおばあちゃんのおうちに行っていました。母の実家です。普段、新幹線に乗る機会もないので、おやつを買って食べながら行くのもワクワクしていました。新潟では、冬にスキーをしたこともあります。長靴の中に雪が入って霜焼けしたり（笑）。子どもなので、興味津々で雪を食べたり、雪遊びをよくしていました。温泉にも行きました。

お母さんはあまり料理をしなかったのですが、おばあちゃんは料理上手で、お雑煮やおせち料理を作ってくれていました。

おうちからちょっと車を走らせるととても新鮮な魚介類を売っている魚市場があって、

冬はみんなで食べるカニを選びに行きました。

おばあちゃんと一緒にいると、施設ではできないような体験がいろいろできて、毎回楽しかったです。施設に入る前は、おばあちゃんが私たちに会いに東京に来ることはあっても、私たちが新潟へ行くというのはおそらくなかったと思うので、とてもいい思い出になりました。

でも残念ながら、おばあちゃんの家に行く機会はおねえちゃんが施設を出てからはなくなってしまいました。

おばあちゃんとはそれ以降、手紙や電話でのやり取りをしています。私が施設を出た後、ご飯やお菓子、インスタント食品をたくさんダンボールで送ってくれて、すごく気にかけてくれました。

「本を出版するんだよ」って連絡したときも、とても喜んでくれて「新潟でもれいかちゃんの本買えるかな」って心配していました。もちろん、全国で購入できるのですが（笑）。お母さんよりもお母さんっぽく接してくれたおばあちゃんは、本当に大好きな存在です。

お父さんとの交流

お父さんは大声で怒られたりしたこともあり、最初は「怖い存在」でした。先生に「お父さんに会いたい？」と聞かれたら、しばらくはずっと「お母さんには会いたいけど、お父さんは嫌だ」と答えていました。

ちなみに、私たちが家を出て警察に駆け込んでから、お父さんが児童相談所とかなり話をしていたということを、つい最近、施設の職員さんから教えてもらいました。

お父さんは基本的には真面目で、常識のある人なので、子どもたちに対して自分がやってしまったことは反省していたとのことでした。むしゃくしゃして、やってしまった、というようなことを言っていたようです。でも児童相談所としては、当然「いま、お父さんの元に帰すことはできない」ということになります。

そのときに「施設というのは子どもたちに申し訳ないから」と母親（父方のおばあちゃん）の家で兄弟3人が暮らせるか、かけあってみたとのこと。でも、おばあちゃんは当時もう仕事を定年していて、子ども3人を預かるのは金銭的にも難しいという状況で……。

それを踏まえて児相の人と相談した結果、やむを得ず施設に預けることになったんだそうです（お母さんには、おそらく児相の先生から連絡があったと思います）。

最初は嫌だったお父さんとの面会ですが、いつぐらいからだったかな……小学校高学年か中学校に入ったぐらいから、4年に1回ぐらいのペースで面会をするようになったんです。「児童福祉司さんとか先生が同席してくれるなら」と伝えて、施設内の会議室みたいなところで、施設の職員さん、お父さん、私でテーブルを挟んで話す、という形でセッティングしてくれました。

いざ会ってみると、会わない期間が長すぎて、話す時は敬語になっちゃいました。

「こんにちは……どうも…お久しぶりです」みたいな（笑）

他人というか、会わない時間のほうが長いので距離感がわからず、なんだかぎこちない感じでした。

お父さんとはときどき手紙のやり取りもしていました。毎年欠かさず手紙をくれて、誕生日には音の鳴るバースデーカードやキャラクターのぬいぐるみ電報を送ってくれました。開けた瞬間、かわいい人形が見えて、わくわくしたのを覚えています。お父さんも一応、なんとか子どもと関わろうとしてくれてはいたんだと思います。手紙の返事を書いてはいませんでしたが、暑中見舞いや年賀状を親や児童相談所の人に書く、というのが施設の決まりとしてあったので、その時には、ちゃんとお父さんにも送っていました。

中でも、高校生のときにもらった手紙で「お父さん、めちゃくちゃネガティブじゃん！」と思うことがありました。

お父さんは仕事を定年退職したあと、郊外に引っ越して一人で暮らしていたのですが、その地域ではたまに「誰々が亡くなりました」とかお悔やみ情報が町内放送のスピーカーで流れてくるらしいんです。

「それがいつ自分になるか、と思いながら日々過ごしてます」と書いてあって、超ネガティブすぎて、「なにこれ！」と先生と一緒に読みながら、笑っていました（笑）。

そんなの親から来たらビックリしますよね（笑）。お父さんって、ほんとうにそういう感じの人なんです。子どもながらに「ちょっとこの人不器用だな」と思っていました。

そんなお父さんでしたが、私が施設を出る直前に、お菓子を持って先生や施設長にあいさつに来ました。

会議中、お父さんがちっちゃいノートを取り出したので、「なんだろ～」って感じでチラッとのぞいて見たら、私の奨学金や学費とかがすごく細かく計算されていて。「れいかは本当にこれで大丈夫なんですか」と先生に聞いていました。心配性だなと思いつつも、「ちゃんと私のことを考えてくれていたんだ」と知ってうれしかったです。か細く、高い声で「頑張りなさいね」と言ってくれたことも覚えています。

そんな感じで、お父さん、お母さんとの関係を積み重ねていきました。

おそらく私は恵まれていたほうです。コンスタントに両親に会い続けることができる子はそんなに多くないんじゃないかなと思います。面会ができたらいい、というぐらいの子もいましたし、まったく連絡つかないような親御さんもいました。

家族の話で最後にお伝えしたいことがあります。それは「虐待をした親＝悪魔」なのかということです。世間的に言うと、私のお父さんは虐待をした親です。でも、この話を知ってもなお、みなさんは「虐待をした親＝悪魔」と言えますか？　虐待をしてしまった親の「背景」についても考えていただきたいですし、深く反省し、子どもとの関係において努力する親もいます。ケースにもよりますが、虐待加害者への一方的なレッテルについて、いまいちど考える必要があるかもしれません。

Lecture 5

施設にいる子どもと家族の関係

児童養護施設に入所する半数以上の子どもが「家庭復帰」せず、施設に残ります。施設に入所した93.3％の子どもには、両親または片親がいます。「親とは絶縁している」と思われる方もいると思いますが、実は７割の子どもが入所後も親とはなんらか交流があるのです。

親と会うことはあるの？

親の有無と交流

	両親またはひとり親	25223人	93.3%
	両親ともいない	1384人	5.1%
	両親とも不明	359人	1.3%
	不詳	60人	0.2%
交流あり	**帰省 一時帰宅**	9126人	33.8%
	面会	7772人	28.8%
	電話手紙連絡	2438人	9%
交流なし		5391人	19.9%
不詳		2299人	8.5%

（「児童養護施設入所児童等調査の概要（平成３０年２月１日現在）」
厚生労働省子ども家庭局　厚生労働省社会援護局障害保健福祉部）

両親もしくは片親がいるが、施設に入る児童の割合は増えています。

入所後の交流は、①電話・手紙・メールという間接的な交流と、②面会、③外泊、④一時帰宅などの直接的交流の２種類があります。

これらは、「親とどのような関係になりたいか」「いまこの親子関係はどういう段階にいるのか」を子どもや親へのヒアリングをもとに、施設職員や児童福祉司のみなさんが話し合って決めることです。このあたりは、専門職の先生が入って計画的に慎重にすすめます。

私の親との交流は、電話からはじまり、暑中お見舞いや年賀状といった季節ごとの手紙のやりとりを経て、施設内での面会や１日外出といった直接的な交流ができるようになりました。

「親子関係」について

VOICE

福音寮 理事長
飯田先生

専門職のわれわれから見ると、「親と子どもの関係が不全」だから施設にくるわけですが、子どもはそうは思っていないこともあります。れいかさんの場合も施設で暮らさなければならないということを承知していないという気持ちはあったのだと思います。

たぶん悩みながらずっと来たんだと思う。だから入所の時の不安は解決されないまま大人になったということもあるでしょう。中学から高校、高校から大学と節目のところでは常に自分はなんなのかということにぶち当たらざるをえない。ここにいる子どもたちは、そこを乗り越えるというか、そこと付き合いながらいまになっているのかなと、そんなふうに思っています。

最後のゴールはどこなのか、卒業生の人たちにいろいろな話を聞いていると、それこそ60、70歳くらいになると「そういうこともあったね」くらいに思えるけれど、30、40、50代になっても、親子関係のところでお互いの了解ができなかったということはずっと引きずっていくように思えます。

VOICE

元担当職員
村上先生

子どもによっては、親子関係の中で、お家に戻っていく子もいました。

親御さんの環境や状況を見極めて帰る方向に働きかけます。ずっと施設にいる子もいて、れいかさんたちの場合は、帰れないというケースです。

帰れないのに「いつか自分は帰れるかもしれない」という思いを持たせて生活をするのは、ちょっとやっぱりよくないと思っています。そこで、いまこうだから帰れていないんだというのを子どもに話をするのですが、そのような場面は職員として辛いことでもあります。

小学生の子に高校を卒業するまでここにいるんだよ、と。子どもにある程度覚悟をさせなくてはいけないということを意味しています。それが見ていて一番つらいです。

れいかさんもただずっと泣いていました。お姉ちゃんはまだ覚悟ができていたのかもしれないと思いますね。

Chapter 6

ＪＫデビューと暮らしの変化

高校に合格！

中学卒業後は、施設から電車と徒歩で30分ぐらいの、いわゆる進学校と言われるような都立高校に入学しました。

晴れてＪＫになって、まずやることといったら友だち作りですよね。当時、携帯電話を持っていなかった私は、他の子たちの「Ｔｗｉｔｔｅｒの○○ちゃんだよね！」というやりとりを目の当たりにして、入学前からＳＮＳでつながっていた同級生たちをうらやましく感じていました。でも、その不便さも最初だけ。このあとの「ブレイクトーク」に出てくるキノちゃんに声をかけ、友達をつくることができたので、あとはなんとかやっていけました。デジタルではなくアナログの勝利です（笑）。

友だちを作る上では、中学時代のハブられた教訓から、「女は敵にしない」っていう価値観は継続し（笑）、「信用できる女の子の友だちがほしい」という思いを強く持っていました。

どうやら私、黙っているとおとなしく見られるのか、関わりにくそうなイメージもあったみたいです。女子の敵を作らないためにも面白い要素を入れることに力を注いでいました。入学してすぐは仲良しグループができていなかったので、大人数で行動する時期があったのですが、そのときにクラスの女子10人でプリクラを撮ることになりました。私が全力で「変顔」をすると、「めちゃくちゃ清楚な子だと思ってたから、意外なんだけど〜！」とびっくりされ、女の敵はいなくなりました（多分）。それくらい女の子に嫌われたくなかったのです。

高校では、仲良い子5〜6人には施設で暮らしていることも伝えていました。カラオケに行ったり、学校の近くにあったフードコートでおしゃべりしたり、ごく普通に遊んでいたと思いますが、門限（午後5時45分でした）があって友だちの家に泊まりには行けなかったことは残念でした。でも、ルールのある中でそれなりに楽しんでいたと思います。

高校生になり、髪も伸ばすように

職員たちとの関係

高校生ぐらいになると施設の先生たちとも年齢が近くなります。保護者、親というよりも「お姉さん」「お兄さん」のような感覚もありました。さらに、ちょっと人生の話とかをするようになると距離感的にも縮まってきます。中には大学時代に失恋した話なんかをしてくれた先生もいました（笑）。

逆に、合わない先生も当然いました。先生は勤務だからそこにいるのは仕方がないけれど、私の生活する家でもある。でも、毎日イライラしていたくはない。じゃあ、必要最低限の関わりだけ、と思って行動すればいい、と思うようになります。特に高校生ぐらいになると、そういうマインドになっていました。

仲良しだった中野先生に聞いたんですが、私がなにか気に食わないところがあった新人の男の先生がいたらしくて、モップかなにかの棒を持って戦っていたのを見た、って。ずいぶんとやんちゃな話ですが（笑）、どういう状況なのか、いまでは考えてもわからないけど、それほど嫌いだったっていうことでしょうね……。自分の考えを押しつけようとする人やズカズカと他人の領域に入ってこようとする人は苦手でしたね……。

あとはたまに、施設を抜け出したりもしていましたね。本当は施設の駐車場に隠れていたんだけど、出て行っちゃった風を装って困らせるとか、そんなこともしていたっけ（笑）。

感情が不安定でイライラしがちな思春期には、結構ぶつかっていたみたいです。大人になって振り返ってみると、施設の先生たちって本当に大変なお仕事。子どもたちの気持ちを受け止めなくてはいけない、「感情」をあつかう労働ですよね。複雑な背景を持つ子どもたちもいて、深刻な過去に一緒に向き合わなくてはいけないこともあるので、とても大変なお仕事だなと思っています。また、職員の入れ替わりでいうと、ずっと同じ職員が生活をみているのではなく、児童養護施設で過ごした11年間で11人も職員が入れ替わりました。1年に1人は職員が替わるので、その度に別れを経験しながら、また信頼関係を築かなければいけないことになります……。

施設の最年長になる

高校生にもなると、自分のいる寮では最年長になりました。一番下には2、3歳の子がいて、一番上が私。

そのとき、施設での自分の在り方を考えたんです。これまで、先輩たちって、機嫌が悪い時は「いま私は怒ってるぞ！　オーラ」を出してきて、おだやかなはずの食事の時間も、そのせいでシーンとしちゃうことがありました。個人的にはそれがあんまり好きじゃなかった。ちょっとそういう態度を取ってしまったときに、先生から「あなた最年長なんだからね」「あなたの空気が下の子にも伝わってるんだよ」と言われたこともあって……。

信頼できる先生からの一言だったということもあって、それからはもし怒ることがあったとしても、関係のない人には怒りの感情を向けないこと、それはとても意識していました。

お節介かもしれないけど、下の子たちが揉めていたりケンカしたりしていたら私が仲介をしていたんですが、そんなときは、当事者の子たちに対しては厳しく接するけど、他の

みんな当たり前に小さな子のお世話をしていました

子には普通に笑顔で接する、ということをしていました。ちょっと怖いですが、それは徹底していました。そのときぐらいから、学校の先生や保育士さんなど、子どもに関わる職業もいいかなと本格的に興味を持ちはじめていたので、全然苦ではありませんでした。

ボランティアさんとの交流

高校生になってから、日本大学文理学部の学生さんたちが学習支援をしている勉強会に行っていました。また、大学生ボランティアのみなさんは毎年スタディツアーとして、フィリピンに1週間ぐらい行っていたんですが、長年、福音寮にかかわる大学の先生から「施設の子どもたちもどうですか」と誘いがあり、施設長もこの企画に賛同したことで、高校生限定でお年玉やおこづかいから3万円を出すことを条件に、この旅行に参加することができるようになりました。

私も2回行かせてもらいました。学生さんたちと一緒に現地の子どもたちの前で英語の演劇を披露したことを覚えています。

施設の年間行事である年2回の大掃除のときにも、学生さんたちが来てくれて、私たちと一緒になって共用部分を掃除したりワックスがけしたり、いろいろ手伝ってくれていました。

その中の学生さんが、のちに教育実習でやってきたこともあって、面白かったです。みなさん、大学卒業後は学校の先生になったり、施設職員になったりした人もいたと聞きましたし、私がモデルとしてこの活動をはじめてから連絡をくれた人もいます。

そういう経験をしてきて、いまになって思うのは、施設で育つと、おそらく普通の家庭で育つよりは、いろんな大人に関わる機会が多いんじゃないかと思います。社会性ということでは、子どもの頃からかなり養われるので、そこはいいところかなと思います。

目標100万円！アルバイトをはじめる

高校1年生の10月からアルバイトをはじめました。夏頃から、施設の先生に「自立のためのお金は貯めようね」ということを言われはじめたからです。目標金額は100万円以上。大学や専門学校の入学金、アパートの初期費用などを含め、一人暮らしをはじめるための原資になります。

私たちは高校卒業と同時に施設を出て、自立しなければいけません。ですから、高校生になると卒業後についての話をしはじめます。

中学を卒業したばかりで、まだ16歳くらいですが、その頃から経済的な自立を視野に入れておかなくてはなりません。

私は当時、高校のバレーボール部が合わなくてやめたタイミングでもあったので、それを機にバイトをはじめました。親御さんからの許可が出ない子もいましたが、施設にいた同年代の子は、みんなバイトをしていたと思います。

当時、携帯電話を持っていなかったのもあって求人サイトで探すことはできず、よく街角に置いてあるようなフリーペーパーの求人情報誌をもらって調べていました。「時給がいい」ところを条件として探し、施設から徒歩10分くらいのところにある牛丼チェーンで働きはじめました。その半年後くらいにはアイスクリーム屋さんもかけもち。かけもちにしたのは、仕事に慣れてきたのと、シフトの関係で思うように入ることができない日も多く、もっと効率的に働きたいと思ったからです。

履歴書を書くとき、住所、番地を書いても施設名を書かなければ特に疑問を持たれることはありませんでした。面接のときも、牛丼屋さんでは施設で暮らしていることは特に言及しなかったんですが、アイスクリーム屋さんの場合はそうはいきませんでした。LINEグループで業務のやりとりをしているという話が出たので、「施設に住んでいて、バイトをしてお金を稼がないと携帯を持てない」、という事情を話さざるを得なかったんです。

すると、そのお店には、児童養護施設ではないものの理由があって社会的養護の施設にいた先輩が働いていたので、店長が「あぁ、あいつと同じ感じか」と理解したようでした。とはいえ、携帯電話がないのはちょっと難しいかもしれない、という感じで面接は終了。ダメかなと思っていたら、後日「働いて携帯電話を買ったらすぐLINEグループに入ってね」と言われて、採用となりました。

両方合わせて週に3～4日ぐらいでしたが、学校が終わって午後6時から働きました。牛丼屋さんは未成年が働ける時間まで、アイスクリーム屋さんは閉店が早かったので9時半くらいまで、働いていました。

バイトをはじめて、しばらくしたら携帯電話を持つことができるようになったかというと、実はそうでもなく……。バイトはかけもちで続けていて、お金もおそらく10万円以上は貯まっていた頃だと思うんですけど、施設の先生から生活態度で注意を受けました。「こんなんじゃ、携帯なんて持てないよね」と。

はじめての携帯電話。
うれしくてプリクラを撮りました

児童養護施設は、学生寮に似ているとお伝えしましたが、まさに集団生活ですから、当然ルールがあります。そのルールが守れていないと判断されると、ペナルティも科せられます。

例えば、私がいた施設では、「朝起きられなかった人は、その日はテレビ禁止」とかね。私は中学時代に引き続き、高校時代も朝起きられないことが多かったんです。アルバイトをはじめると、慣れない労働で帰ると疲れて寝てしまい、朝食の時間に間に合わなかったり、配膳の手伝いができなかったり……。ルール違反が少しずつ積み重なってしまって、いつまでも携帯を持たせてもらえない日が続きました。

そこで「携帯電話のためになんとか頑張ろう！」とやる気を出すというよりも、長年の集団生活の癖であきめることに慣れてしまっていて……。「生活態度が悪い」と言われ続けているうちに、「携帯電話は持ちたいけど、ルールだからしょうがない。まぁいいや」という気持ちも正直生まれてしまっていたと思います。

生活態度がよくないと、携帯電話も持てないし、遊びにも行けない。そういうのは窮《きゅう》屈《くつ》ではあったんですけど、「なんで私だけ」みたいな不満は特になかったです。家庭でも、親に怒られるじゃないですか。それと一緒かなと思います。

そんなこんなで、結局やっと携帯電話を手に入れたのは、なんと高校3年生の夏ぐらいのことでした（笑）。はじめて登録した連絡先は当時お付き合いしていた彼氏だったかな？なんて（笑）。

バイト代などお金の管理は先生がしてくれていました。基本はおこづかい制です。学年ごとに金額は決まっていて、使いたいときに「マンガを買いたいから、700円ちょうだい」とお願いするのです。それでおやつやマンガ、雑誌などを買っていました。レシートをもらわないと怒られます（笑）。「バイト代の中から毎月1万円ぐらいまでなら使ってもいいよ」と言われていましたが、自立のために貯めているので、先生に言い出しにくかったのとわざわざ使いたい、というほどのことではなかったので、決められた額でやりくりしていました。唯一買ったのは、任天堂 Wiiのゲームソフトでした。

Lecture 6

施設の子どもの「学ぶ権利」

現在の児童養護施設では中学を卒業して、高校へと進学する子がほとんどです。「進学」は子どもにとってとても重要なことです。どう保障され、サポートされているのでしょうか。

高校は私立・公立選べるの？

児童養護施設の予算「特別育成費《とくべついくせいひ》」（平成 11 年～）が私立高校の進学資金にあてられることができるようになったため、子どもたちの選択肢が広がり、進学率があがったと言われています。「特別育成費」とは、教育に必要な学習費等を支援するためのお金のことです。

高校進学率はどのくらいなの？

児童養護施設出身者の高校進学率は、93.6%。全国調査では 98%なので、比較すると低いのですが、9 割は進学しています。

しかし、少し古いデータですが、全国児童養護施設協議会の調査報告書（2006）による高校中退率は、進学した子どもの 7.6%であり、同年の全国平均 2.1% から比較して約 3 倍以上でした。

（参照：吉村美由紀「児童養護施設における自立支援についての一考察―高校進学前後の課題に着目して―」）

全国平均と児童養護施設出身者の高校中退率

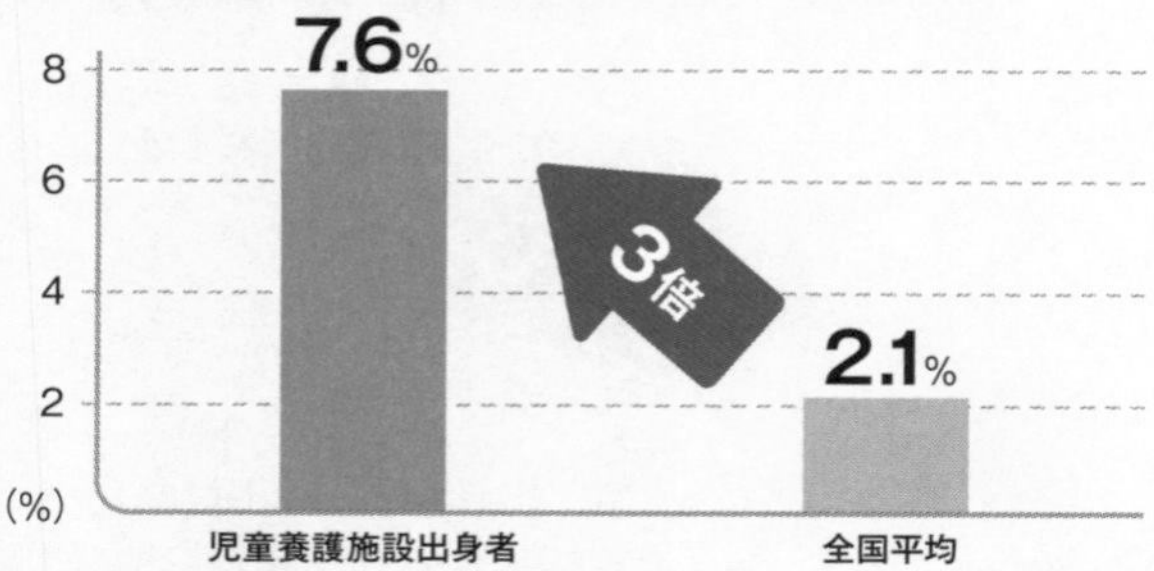

中退率の高さは、子どもが抱えている個別事情による困難や不安定からくるものもあるでしょう。進学率を上げること同様に、ドロップアウトした子どもたちの課題も残ります。

Breaktalk

高校時代の友だちキノちゃんとJKトーク！

れいか：キノちゃん久しぶり！
高校時代の友だちにいろいろ聞きたいことがあってさ……ちょっといいかな？

キノちゃん：久しぶり～！なんでもどうぞ～

れいか：私、キノちゃんに施設出身者って、いつ言ったんだろう。

キノちゃん：割と最初のほうから知ってたと思う。高校1年生の。そのときの感想は「そうなんだ～」って感じ。なんかそういう施設にいた子が、友だちではれいかちゃんがはじめてだから。

れいか：施設ってどんなところだと思った？

キノちゃん：想像できないねぇ。でもさ、外泊できないよね。門限もあるし。それは大変だなって思ってたよ。あと、待ち合わせするとき、ケータイなかったじゃん？　それも大変でしょう、と思ってた。

れいか：たしかに（笑）どう待ち合わせてたんだろう？

キノちゃん：連絡とれなくて大変だったよ。だから、厳しい環境なのかと思ってた。生活や規則に関して、大変だなって思った。

れいか：いまでこそさ、みんなスマホが当たり前じゃん？ だから困っている子もいるよ。

キノちゃん：いまもそれは変わらないの？

れいか：施設によるね。この時代なんだし、契約も施設でしてくれるところもあるみたいだよ。

キノちゃん：そこかな、門限とケータイ。私のうちに来た時あったじゃん。そのときにれいかちゃん門限あるからっていったら、「えっ」って言ってた親も。早くない？　って。高校生には早い時間だったのかも。

れいか：5時45分だったから……。

キノちゃん：その時間でどうやって遊ぶのっていう……。

れいか：そうだね、全然ものたりないよね、高校生からしたら。ほかには、虐待のニュースとか世の中にはいろいろあるけど、それと連想することってあった？

キノちゃん：ニュースではよく知らないけど、ドラマとかではあったから、（虐待の）イメージもあったよ。中学生以降だと、そういう風に知っているんじゃないかな。

れいか：いまはどんなイメージ？

キノちゃん：イメージか。れいかちゃんと会って、たぶん変わったと思う。すごい元気な子がいるってイメージがなかった。施設にいるって聞いてびっくり！　こういう感じの子もいるんだ、って。れいかちゃんも「なにかあったのかな」という思いもあったけど。心を閉ざしている子が多いのかなっていうのが勝手なイメージだったから。意外だなって感じだった！

Chapter 7

大学受験と自立

自立と進路

当時の施設の先生が、「れいかさんは高2ぐらいから大学や専門学校の資料請求をはじめてたよ」と言っていたので、その頃から退所後について考えていたようです。当時は部屋に一台設置されていた共同パソコンを使って、学校検索してたっけ……(当時は携帯電話を持っていなかったので)。

私は幼い時から、「大きくなったらこれになりたい、あれになりたい」と施設の職員さんにも伝えていました。あこがれていたのは、音楽の先生や小学校の先生、保育士さんです。

同時に、お姉ちゃんが「セブンティーン」とか「ニコラ」などティーン向けファッション雑誌を読んでいるのを見ているうちに、ファッションの世界やモデルへのあこがれが生まれていました。そんな思いを忘れられず高校生になり、進路を考えるタイミングになったとき、ファッション関係の専門学校も行きたいかも……と思ったんです。

どんな仕事があるのかとか具体的なことは考えていませんでしたが、お洋服は大好きだし、デザインに興味がありました。そう周囲に話してみると、ファッションの道は施設の先生に反対されました。というのも、反対していた先生はデザイン系の学校に通っていたことがあって、デッサンも上手。ファッションにも詳しく、「ファッション業界で手に職をつけるのは大変だよ」と現実の厳しさを教えてくれたんです。

私のために言ってくれたので、とてもありがたかったのですが、それでもやってみたいと思う自分もいました。先生たちの中には、「れいかさんのやりたいことをやったらいいんだよ」と言う人もいましたし、ファッション系の学校見学を勧めてくれて、一緒に見学にも行ってくれました。

進路に関して、先生たちに強く反対されたことはありませんが、「子どもに関わる仕事をしたい」とずっと口にしていた子が、高校になっていきなり違うことを言い出したから「どうしちゃったの?」と驚かせてしまった部分はあると思います。まだ子どもなので、

楽しかった高校時代。バイトがない日の学校終わりはよく遊びました

そんなことでちょっとバチバチした時期もありました（笑）。

どうしたらその方面で就職できるのか、ということもそうですし、実際にどんな仕事なのか、ということもわかっていなかったのは、本当にその通りです。そう思うと、詳しい人が身近にいてよかったなと思います。まぁ、私の中で「ファッションの道に進みたい」ということを言葉にすることは、勇気を出してようやく言えた言葉でもあったので、最初から否定されているように感じて寂しくなったこともありますが、改めて考えてみると難しい道だよな、とは思いました。

それからいろいろ考えたのですが、進路の決め手になったのは、その先生の言葉を現実的に受け止めたこと、そしてもう一つはお母さんの存在がありました。私のお母さんは一つの仕事を長く続けるというより、転々としているイメージがありました。毎月、お母さんと外出する中でそう感じることが多々あったのです。そんなお母さんの様子を見ていて、「私はまず生活を安定させたい」と考え、国家資格の取れる学校に進んで「人生の保険」として資格で仕事が選べる道に進もう、と思いました。

私の中で「お母さんのようになりたくない」という思いがあり、「なりたくない像」ということが明確にあったので、当時「お母さんは私の反面教師」と施設の先生に言うほどでした（いま読んでいるであろうお母さん、ごめんなさい）。そうして、教育系の学校に進学しようと決めました。

受験期の焦り

施設の先生たちは私に対して、「センター試験を受けるんでしょ？」という感じでいたと思うんです。大学生が主催する学習塾に通って勉強もしていました。でも、私自身はというと、推薦で合格して行く同級生や、一生懸命センター試験に向けて猛勉強をしている子たちを見ているうちに、「なんか、私には受験勉強は無理だな……」と感じてしまっていたんです。テンションが明らかに違いました。

みんな、しっかり行きたい大学があって、真剣に「赤本」を解いていましたが、私にはそこまで進学への熱量がないような気がして……。周りにいた仲の良い子は、センター試験を受けずに、AO入試など別の制度を使って進路を決めていた子も多かったことも理由としてあるかもしれません。

……その時の私はたぶん、自分の人生に向き合いきれていなかったんだと思います。

高校を卒業したら、施設を出て、一人暮らしをして……。この先の人生は重く、当時の私には考えることが難しかったというか。逃げたかったのかもしれません。当然、勉強にも集中できていませんでした。

「できるなら逃げたい」という気持ちでかわして、濁して、やり過ごしながら、秋頃になって、高校の先生に呼び出されたんです。

「田中、そろそろ進路を決めないとやばいよ」と。そこではじめて「ああ、やばいんだ」ということを実感しました。

教育関係と決めていたので、そこから選択肢を絞ります。小学校の先生だと4年制大学に行かなきゃいけない。そうなると、4年分の学費を負担することになります。中学校の時に不登校だった時期もあったことを考えると、4年間しっかり通うのはちょっと不安もありました。経済的な体力も続くのだろうか……。そう考え、結局は消去法で2年制の短大を選ぶことに。そんな時に、学校の先生が「短大の公募推薦がある」と声をかけてくれて、ギリギリの時期になんとか受験することに決めました。

施設の先生は進路について親身になってくれていましたけど、受験のことはやっぱり学校の先生のほうが詳しいので、最終的には学校の先生の意見が強かったです。

ちなみに、受験費用は子どもの「措置費《そちひ》」(児童養護施設にいる児童一人あたりの養育に対して支給されるお金)から出してもらいます。上限はあるかもしれないですが、進路によって相談することができます。

短大の受験は、たしか面接と論文でした。面接の練習は、施設でもやったような気がします。幸い、それほど苦労せず無事に合格しました。資格を取りたいという思いが一番にありましたが、入学前に見た資料で「○○心理学」など面白そうな講義もいくつかあって、受かった頃には、純粋にいろいろ学びたいという気持ちになっていました。

Lecture 7

子どもたちの経済的負担

私の進学の話の中でも「経済的体力」などと言っているように、施設を出た後に苦労することは、お金についてです。これは子どもだけでは抱えきれないほど大きな課題です。

大学への進学率はどのくらいなの？

児童養護施設出身者の大学・短期大学進学率は、14.4％です（厚生労働省家庭福祉課「社会的養護の現況に関する調査」令和元年５月１日現在）。

2020 年度文部科学省の「学校基本調査」では、大学・短期大学への進学率は 58.6％で、２人に1人が進学しています。施設出身者にしぼると、なぜ進学率は低くなるのでしょうか。

大学進学希望者はどのくらいいるの？

「進学を希望していないだけじゃないの？」という方もいると思いますが、厚生労働省の調査によると中学３年生以上の進学希望者は 31.8％（「児童養護施設入所児童等調査の概要」（平成 30 年２月１日現在）厚生労働省子ども家庭局）となっており、実際の進学率より高いことがわかります。学年別の進学希望者数を見てみます。

年長児童の大学進学希望者

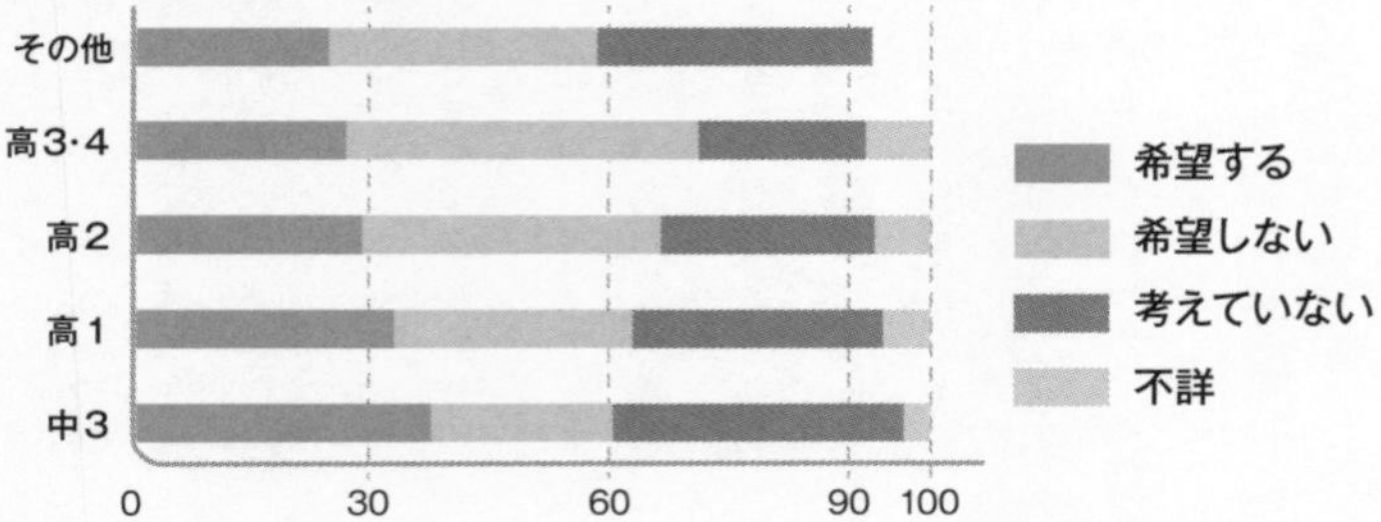

中学３年生～高校１年生までは「希望する子」が多いにもかかわらず、高校２年生になると「希望しない子」が増えてしまっています。

なんで高校２年生が分岐点となるのか……。

これは、11 年間児童養護施設で暮らした私の主観による推測になりますが、「自立」への意識が芽生えるからだと思います。自立や進学にかかるお金について、現実的になってくるのではないでしょうか。

進学に必要なお金はどのくらいなの？

奨学金制度もありますが、私立文系大学を仮定すると卒業までに学費だけで、400 ~ 500 万円かかります。2020 年 4 月に日本学生支援機構が社会的養護を経験した子を対象にした給付型奨学金制度を創設したことにより、進学のハードルが大きく下がったと職員さんが教えてくれました。ただ、一人暮らしの資金として、高校 3 年間で自立を目指して貯める金額は、目標 100 万円です。

大学進学後も大変！

2018 年 11 月に NPO 法人ブリッジフォースマイルの調査チームが公表した『全国児童養護施設調査 2018　社会的自立と支援に関する調査』によると、児童養護施設を退所後に進学した 625 人のうち中退の総数は 103 人（16.5%）。2017 年度は、進学して 1 年 3 ヶ月が経過した時点で 18 人（その年の 13.6%）が中退しています。

また、母数（n=118）は少ないですが、東京都の資料（平成 29 年「東京都における児童養護施設等退所者の実態調査報告書」）をみると、学業をつづける上で大変だった要因（主な 2 つまで）が浮き彫りになっています。

学校をつづける上で大変だった大こと

1位	アルバイト等との両立（94.1%）
2位	学費等の教育費の負担／生活費・交際費等の負担（76.3%）
3位	学生間・教師等との人間関係（36.4%）

「学校をつづける上で大変だったこと」の1位になっているアルバイトについて、文部科学省給付型奨学金制度検討チームは、働きながら学業を両立することの厳しさを示唆するデータを公開しています。「給付型奨学金制度の設計について」（平成 28 年度）によると、年収 200 万円未満世帯の「私立の下宿大学生」では、月平均 7 万 8000 円の仕送り等の家庭からの支援があるそうです。

一方で、多くの児童養護施設退所者は、家族に頼ることができないので、単純にこの仕送り７万 8000 円は発生せず、他の年収 200 万円未満世帯の大学生よりも月７万 8000 円多くバイトをしなくてはいけないことになります。東京都の最低賃金（令和３年 10 月１日時点で 1041 円）でいうと、約 75 時間追加で働かなければなりません……。

施設を出る準備はどうしているの？

みなさんは一人暮らしをはじめるとき、上京して大学へ通うことになったとき、家族でどのような話し合いをしましたか？

児童養護施設では退所する前に、共同生活の場を離れて「自立訓練室（呼び方はさまざまですが）」という一人暮らしの練習をする部屋で１週間～数ヶ月過ごし、自炊や食材の買い物、家事・掃除を全部一人でやる期間があります。食費をわたされて、そのお金の中でやりくりする練習です。

また、１週間ごとに献立を作って先生に提出し、「もう少し野菜入れたら?」「わかめスープはどう?」と自炊のアドバイスをもらうこともありました。

こうした生活の訓練に加えて、私は施設を出たあとのお金のやりくりについて、先生と一緒に細かいシミュレーションをすることになりました。

奨学金に関する情報は自立支援担当職員が情報をキャッチしているので、その先生から奨学金一覧を見せてもらい、自分がエントリーしたい奨学金を選定しました。自分で調べるとなると途方もない作業だったと思うので、本当に助かったなぁ。

1ヶ月分の生活費シミュレーション（※当時計算した月々の生活費）

田中さんの一人暮らしシミュレーション・生活費表

家賃（管理費込み）	４万	**日用品**	３千
食費	2万	**交際費**	１万
水道光熱費	1万	**定期代**	１万
ケータイ代	6.5 千		

合計：9.95 万円

学費シミュレーション（入学費込み）

1年生分

貯金から	15 万円
東京都から進学者へ支給	約 60 万円
国から進学者へ支給	約 27 万円
給付型奨学金	18 万円
貸与型奨学金	13 万円
	合計：133 万円

2年生分

給付型奨学金	36 万円
貸与型奨学金	77 万円
	合計：113 万円

（※２年間の学生生活で５回ほどの保育実習があり、長くて３週間アルバイトが出来ない期間があります。この期間の生活費も奨学金から拠出することを計算にいれていました。）

学費の計算も細かく行いました。保育実習に行っている間はバイトができません。その分の生活費はどの奨学金から補填するのか計算をしました。計画を立て、最後に園長先生に見せに行きました。いうならば「これで私は卒業してからも大丈夫です」という証明のようなものです。

職員
中野先生

VOICE

いまは、大学にいくための高校生の塾代は全部ではないですが一部は予算がつきました。施設によっては、基金とか寄附から塾代を出す施設もあるようです。そこに「施設間格差」があります。卒業後の奨学金のことはいいのか悪いのかわからないままです。奨学金をあつめても生活費まではまかなえないですし。社会福祉《しゃかいふくし》協《きょう》議《ぎ》会《かい》の貸付奨学金もあるのですが５年働きつづければ返済免除というものです。卒業してからもずっと施設と連絡を取り続けないといけないことに負担を感じるでしょうし、借りるハードルも高い。挫折する子は少なからずいます。

また、いろんな支援がありますが、子どもにとってなにがフェアスタートなのか根本がわかりづらくなっているようにも思います。奨学金の条件をクリアするのもとても大変です。経済的にも、心理的にも、大学以外の進路も含め、社会的養護の子どもたちに過度な負担がかかっています。

Chapter 8

児童養護施設から巣立つ

施設の「卒業式」

高校を卒業する春。いよいよ退所です。施設では毎年3月に、卒業を迎えた中学3年生と高校3年生に向けた「旅立ちを祝う会」というイベントがあります。

旅立ちを祝う会は、例えるなら学校の卒業式みたいなものです。施設のホール全体に紅白の布が飾られ、参加する子どもや先生は式典用に正装で集合です。

ピリッと引き締まった第一部があって、みんなでお昼ご飯を食べる第二部があって、食事のあとはみんなで花道を作って玄関で卒園生にバイバイをするという……。

卒業生でホールに飾る寮歌の記念品を送りました

施設にいる間、合計で10回も経験したので、思い出そうとするとすぐに、過去のあの時間に帰れる感覚があります。

私が卒園するときは4名の高校3年生がいました。

第一部はざっくり言うと、担当の先生が一人ひとりの進路を発表したり、記念品贈呈や花束をもらう時間があったりします。私の施設では寮歌があるので、最後はみんなで歌を歌って終了です。

先輩を見送るときはうるっと泣いたこともあったのですが、自分ごととなるとまったく泣けませんでした。なんででしょうね……（笑）。

実際、忙しさを理由に卒業生代表のスピーチ内容をあまりじっくり考えられなかったので、気持ちがあまり入らなかったのかもしれません。これはちょっと後悔しています。みんなが号泣するような名文にチャレンジすればよかったな〜って（笑）。

この日はカメラマンさんがボランティアで来てくれて、スーツ姿の卒園生を写真に納めてくれるという取り組みがありました。背景やライトのセット、大きいカメラがあって、カメラマンさんがポージングのアドバイスをくれました。他の卒園生が撮られるのを見ながらゲラゲラ笑っていた記憶があります。

そして撮影後、数日してから重くかたい見開きの冊子を受け取りました。写真はペラペラではなく、触るとべっとり指紋がついてしまうくらいしっかりした上質な写真。照れくさい気持ちもありましたが、形に残るっていいなっていまでも思います。

そして、この会で一番うれしかったのは同じ寮の子たちからもらう色紙と、施設の先生方46人みんなが一言ずつ書いた色紙をもらったことです。

別に大したことが書いてあるわけではないのですが（笑）、施設を出てから気持ちが落

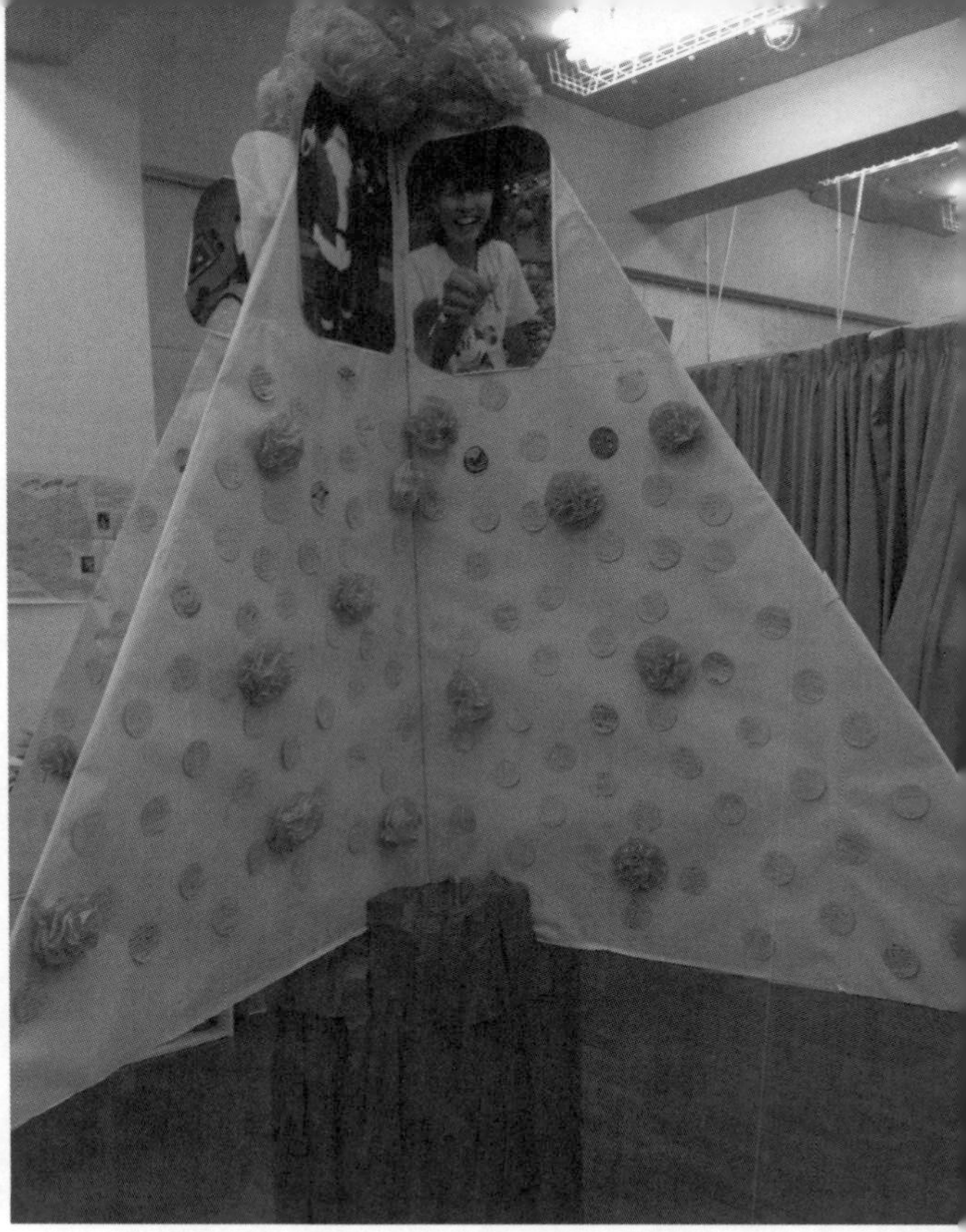

この年の「旅立ちの会」では“メッセージの木”を作ってくれました

ち込んだ時にみると涙が出てきて、みんなからもらった「頑張ってね」の言葉に救われることがありました。この原稿を書いているいま、久しぶりにひっぱり出してきたのですが、見ていると胸の奥がくすぐったくて、書いてくれた一人ひとりのことが思い出されて……。読めば読むほど「私は私で大丈夫なんだ」って思える、不思議なパワーグッズです。

また、フレンドホーム（週末里親）さんが、施設を出る時にお手紙をくれました。私は直接お話したことはないのに、毎年クリスマス会で披露していたピアノ演奏を聴いて、気にかけてくれていたのでした。誰かが「知っている」「気にかけてくれている」という感覚は大人になってからもありがたいと感じていることです。

はじめての一人暮らし

この卒園式が終わると、高校生は施設を出て行かなければいけません。一人暮らしのはじまりです。

私が進学した短大は、施設と同じ電車の沿線でしたが、ちょっと離れた郊外にありました。一人暮らしの物件は短大の近くで、施設の先生と一緒に探しました。大学と提携している不動産屋さんの案内があって、学生は家賃がちょっと安くなるということで、紹介してもらった物件を1～2軒回って、決めました。

施設にいる間は、お金は先生たちが管理してくれていたので、退所のときに通帳やキャッシュカードを受け取りました。真面目にアルバイトをしていたので、ちゃんと貯まっていたはずです。

目標金額の100万円まで貯まっていたか覚えていませんが、生活はなんとかなりました。

いままで施設で暮らしてきて、誰かいつも子どもや職員が絶対にいて、誰かの声が常に聞こえる環境でした。それが10年以上日常だったのに、突然シーンとした家に一人でいるのは、だいぶ寂しい気持ちになりました。

「念願の一人暮らしだ！」みたいな解放感だったり、ワクワク感だったりというのは不思議とあまり感じなくて、とにかく最初の1、2週間ぐらいは、ずっと寂しさが消えませんでした。布団に入って、天井を見上げて……静かに泣いていました。

退所から大学入学までの1ヶ月が流れるような忙しさで進む中で、心の整理がうまくできていなかったのだと思います。

Lecture 8
退所後の子どもたち

子どもたちは 18 歳で退所したのち、自立して一人暮らしをすることになります。退所後の子どもたちの調査として、2021 年にはじめて退所者の全国調査の結果が出されました（三菱 UFJ リサーチ＆コンサルティング「児童養護施設等への入所措置や里親委託等が解除された者の実態把握に関する全国調査」）。

この調査結果から、退所後について考えていきましょう。

困ったとき、だれに相談する？

退所者は、親に頼れないことも多いものです。困ったとき、だれに相談しているか見てみましょう。

「困ったとき、だれに相談しますか？」（複数回答あり）

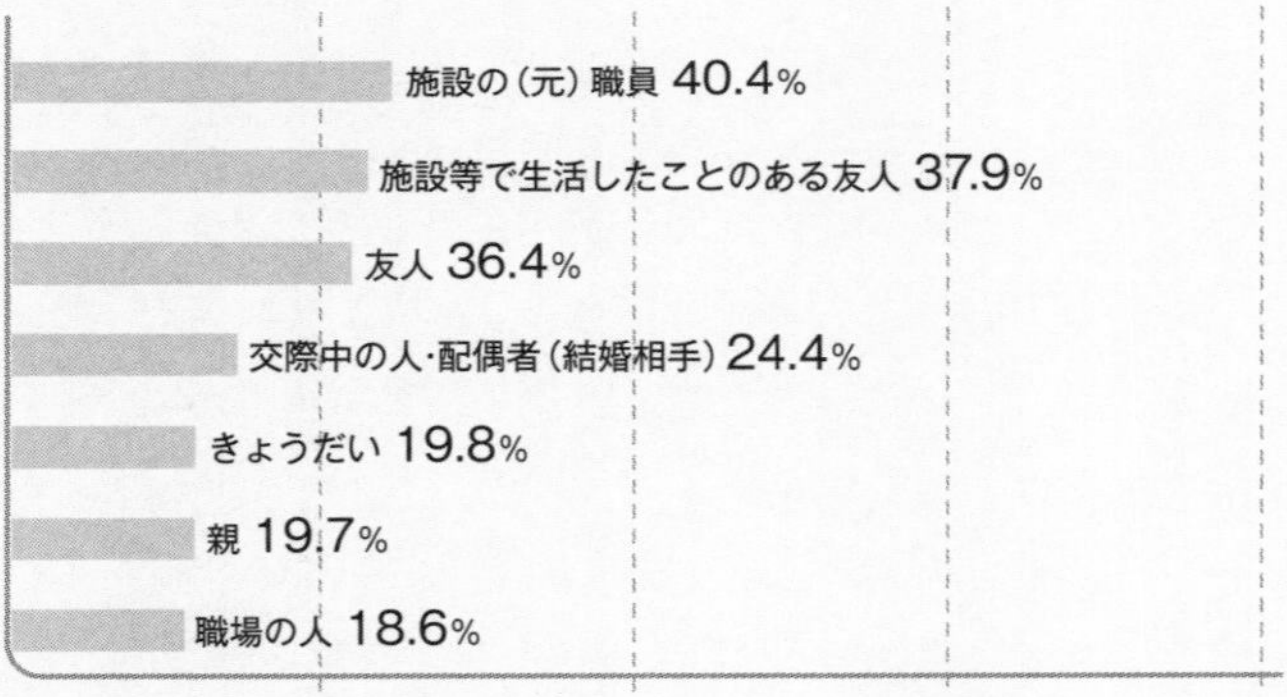

親（19.7%）よりも、施設の職員（40.4%）や施設等で生活したことのある友だち（37.9%）と答える人が多いですね。

ホーム退所後、児童養護施設に連絡はしている？

退所後も、施設とつながりながら、困っているときには相談できる場を設けていくことが大切だと思います。

出身施設との直近の連絡頻度については、もっとも多い割合が、２～３ヶ月に1回（28.6%）、続いて1ヶ月に1回以上（20.8%）、半年に1回以上（19.7%）です。

施設との連絡頻度

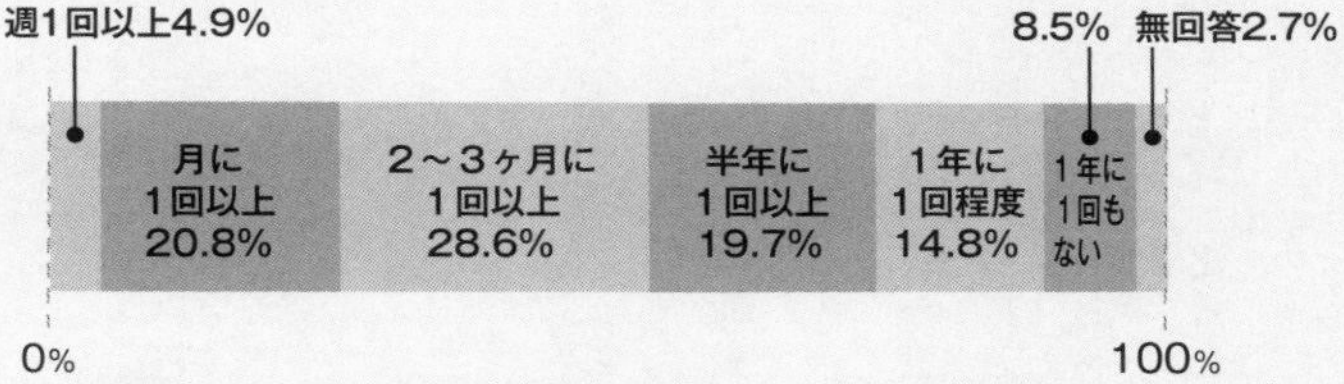

この連絡頻度に対する充足感をみると、66.4%の子が「ちょうどよい」と答えていました。

心地よい距離感で、必要な時に連絡がとれる相手がいるといいですよね。

同窓生とのつながり、当事者団体とのつながりはある?

施設等で生活していた人の集まりや当事者団体とのつながり（複数回答あり）

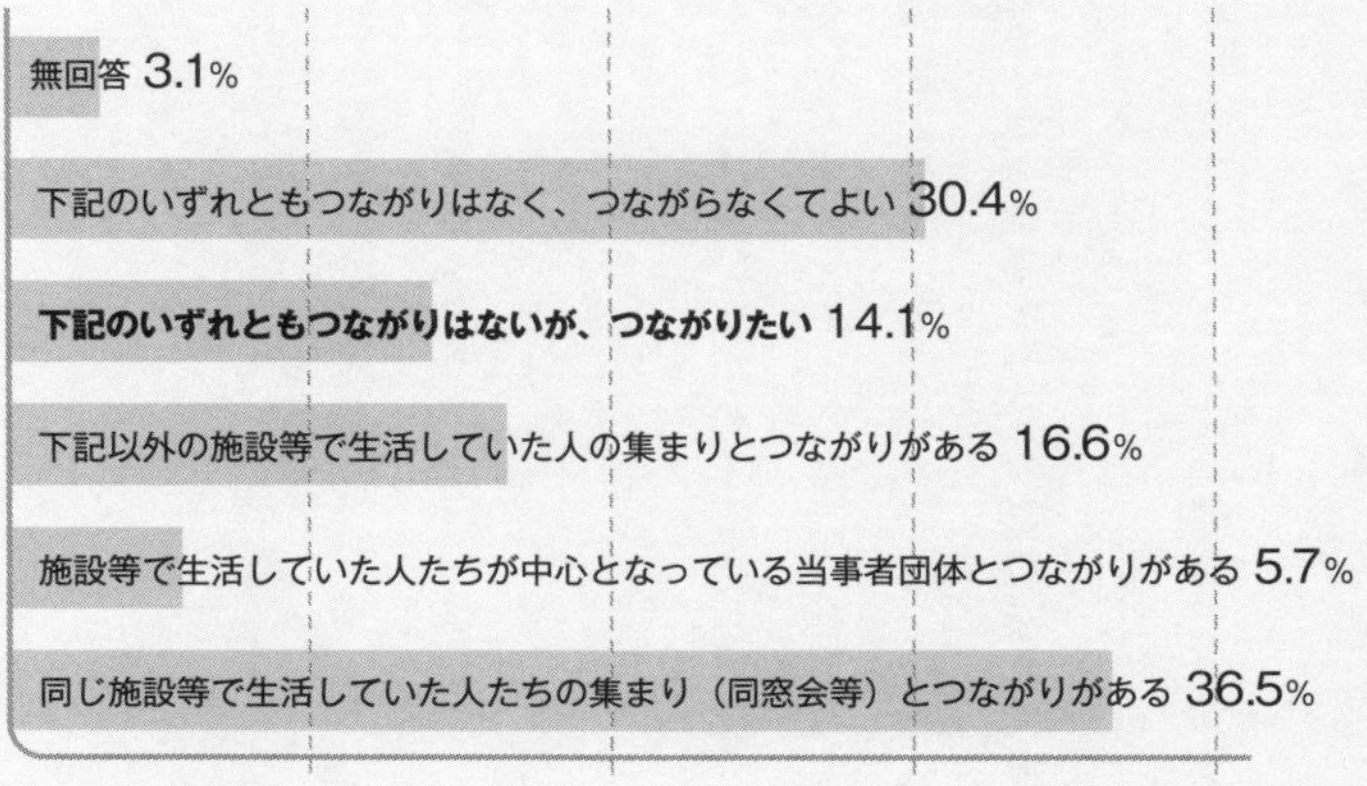

36.5%の人が、同じ施設で生活していた人や当事者団体などとつながりがありますが、14.1%がいまはないが「つながりたい」と答えています。回答者が2259人なので14%となると、316人。たくさんの人が退所後も交流を必要としているようです。

Chapter 9

退所後の一人暮らし

華やかな大学と疎外感

学生生活としては、学費は奨学金ですべてまかない、生活費はアルバイトをして稼ぐということを施設の先生と決めて退所しました。でも実際、学校とバイトと両立してみて、だんだんとモヤモヤした気持ちを抱くようになっていきました。

原宿や東京ディズニーランドに行ったり、好きなアーティストのライブ観戦をしたり、女子大のキャッキャしている雰囲気の中、自分だけ「あれ?」って。

私は友だちと同じようにアルバイトをしていても生活費でいっぱいいっぱいで、プラスアルファの余暇活動にはあまりお金を使えない状態でした。

短大の友だちとお泊り会

浪費家タイプでもなかったので、お金を管理することに対する不安はあんまりなかったんですけど、やっぱり「生活していけなくなったらどうしよう」という不安が勝ってしまって、気軽に遊びに行くことができませんでした。施設での自立トレーニングで教わった「家計シミュレーション」の中には「交際費」という項目があったのに。

施設を出た子の中には、毎月の収入から「このぐらいなら遊びに使える」と、うまく見通しを立てて遊んでいるタイプの子もいましたが、私は苦手。そうなると、「お金を使いたくないから、みんなと遊びにも行きたくない」、「みんなといると遊びの話になって自分だけ参加できないから友だちといたくない」、という思考になっていきました。

施設で暮らしてきた中で、良くも悪くも、その場の調和を保つことが身についていたので、友だちが自由に遊びに行っている姿を見たり、話を聞いたりしていると、どんどん居心地が悪くなってしまって……。徐々に「私はみんなと違う」と疎外感を感じるようになりました。

やっぱりモデルもやってみたい！

一方で、施設を出て解放されたという意味では、自分のやりたいことに挑戦してみようと思い立ち、中学生の頃から興味があったモデルの道も探りはじめました。それは、小学6年生の時、お母さんと外出中にスカウトの方から名刺をいただいたことがあったからです。

その当時は、お母さんが「ちょっと無理です」と断ったんですが、その記憶がなんだか頭から離れず、「もし少しでも可能性があるならやってみたい」と思うようになりました。大事に大事に持っていた名刺があったので、思い切って電話をしてみたことをきっかけに、小さな事務所にお世話になることにしました。

最初の仕事はたしか、再現ドラマのエキストラだったと思います。自分で衣装を用意して、現場に行って、俳優さんを見て……それがとっても楽しかったのです。オーディションやドラマのエキストラなど、どんな現場も刺激的でした。芸能活動を経験させていただく中で将来のことを考えたとき、悩みながらも、保育士という職業よりこっちの道を走って行きたいという思いを強くしていきます。

大学は短大なので2年生になると、学校から就職のことを考えるように促されます。友だちは面接に行ったり、施設の見学に行ったりしていたけど、私はそのとき保育士の道に進まないと決めていたので、就職活動はしませんでした。

芸能活動をしていると、なんだか学校に行くのがつまらなく感じてしまって、授業にも身が入らず、だんだんと授業をサボるようになっていたんです。よく一緒にサボっていた友人とは「一コマ2000円の授業とか考えられないわ～」といいながら下校していました。

友だちに疎外感があったといっても、気にかけてくれる友だちも数人いました。LINEでメッセージをくれたり、提出物のことを教えてくれたり、一緒にサボってくれたり、将来の夢を応援してくれたり……。なんだかんだ、友だちには恵まれていました。

ただ、サボりがちになると、2年生の成績はあっという間に落ちていきました。そしてなんと、留年が決まってしまったのです。

留年が決まり、「もう辞めちゃおうかな」という気持ちをお父さんに電話で伝えたんです。「あ~怒られるだろうなぁ」と思って電話したら、案の定怒られたんですけど（笑）。

そこでお父さんに「いまのれいかがいるのは、施設の先生がいろいろ準備してくれて進学できたから。もしいま辞めたら、それを裏切ることになるんだよ」と言われたんです。そのとき、「あぁ、たしかにそうだな」と思いました。いま辞めたら、高校3年生の時の気持ちやお世話になった先生を裏切ることになってしまう。

当時は「味方だと心から思える存在」が身近にいなかったので、自分自身が自分のことを裏切ったら一番ダメだと思いました。だからここは踏ん張ろうと。

そう決めてからは、そのときの短大のクラス担任の先生にも救われました。とても面倒見のいいおばちゃんの先生で、私が保育士として就職をせずにモデルの夢に進みたいということを話すと理解を示してくれつつ、「でも頑張って卒業だけはしよう！」と根気強く見守ってくれました。「寝ていてもいいから、とりあえず出席して」と。

その先生のおかげで「サボる」選択ではなく、チャイムギリギリで入室して、一番後ろ

ファッションショーで初モデル

の席に座って出席することに。ちょっと態度は悪かったと思いますが、なんとか授業に出ることができるようになりました。新1年生と一緒に授業を受けて気まずい思いもあったんですけど、先生に助けられながら、3年目はなんとか通学しました。

モデルの世界は厳しいだろうということはもちろん思いましたが、やっぱり好奇心やわくわくのほうが勝ったのかなと思います。でも、根っこは真面目なので、世間の目を気にしていました。「私はいつまで夢を追いかけられるのかな」って。そこで、夢を見る期限を決めたんです。

私は短大に通っていたので20歳で学生生活は終わりだけど、4年制大学だと22歳までが学生生活です。まだ学生だと思って、私も22歳までは夢を追いかけてみよう、と。それで結果が出せなくてダメだったら、潔くやめて、そこからもう一度資格を生かして就職しようと思っていました。

帰りたいけど、帰れない

短大時代は、施設には全然帰っていませんでした。職員のシフトを考えると、会いたいと思っている先生がその日にいるとは限らないことがハードルとなって、施設から自分を遠ざけていったような気がします。育ったところなのに、気軽に行けない気がしていました。その一方で、施設の先生からは18歳、19歳、20歳までの3年間、誕生日の日にバースデーカードが届いていました。施設を出てからは一人で誕生日を過ごすことが増えたので、それがとってもうれしく、それを読んでは、部屋の中で泣いていました。「一人だけど一人じゃない。でも一人だ……」って。

一度だけ先生が家に来てくれたこともありました。その先生とは施設を出た後、手紙のやりとりをしていたので、忙しい中来てくれたことがうれしかったのを覚えています。そのとき、先生が私の家でご飯を作ってくれたのですが、久しぶりに食べる「誰かの手作りご飯」は言葉にできないくらい美味しくて、温もりを感じました。そして、それまで気負っていた「大人でいなきゃいけない」気持ちがそのときだけはスーッとなくなって、久しぶりに自然体でいられました。

また、短大の留年が決まった頃、そのことをたまたま私の大学の職員から聞いた中野先生が「こういう支援があるから受けてみない?」と連絡をくれて教えてくれたのが「せたがや若者フェアスタート事業」という取り組みでした。

「せたがや若者フェアスタート事業」は、施設出身の子どもたちへ一人暮らしの家賃補助や給付型奨学金、居場所づくりなどを複合的に行うという内容の支援です。奨学金は学生向けで、家賃補助は働いている人も対象です。居場所づくりというのは、「若者版子ども食堂」みたいなものでしょうか。

私の生活条件だと家賃補助の支援対象だったので、毎月1万円で家を借りられるという支援を受けることにしました。それをきっかけに施設と連絡を取ることも増えてきて、再び「おうち」とつながるようになりました。

Lecture 9

「せたがや若者フェアスタート事業」とは？

私が児童養護施設退所後に受けた支援は、東京都世田谷区で 2016 年にはじまったプロジェクトです。この支援は、児童養護施設を退所した後の子どもたちの課題にフォーカスした画期的な支援です。経済的な問題だけではなく、孤立を防ぎ、自立を応援する設計になっています。制度は年々アップデートされています。令和４年には給付型奨学金制度を拡充しています。

「せたがや若者フェアスタート事業」とは？

“児童養護施設や里親の元を巣立った若者が、学業と生活を両立しながら社会的自立に向けて安定した生活を継続することは困難な実態があります。

区では、すべての若者が同じスタートラインに立ち、未来を切り開くことができるよう、「給付型奨学金」「住宅支援」「居場所支援」の３つの柱を軸とした「せたがや若者フェアスタート事業」を実施しています”

（せたがや若者フェアスタート・「令和２年度事業報告書」より）。

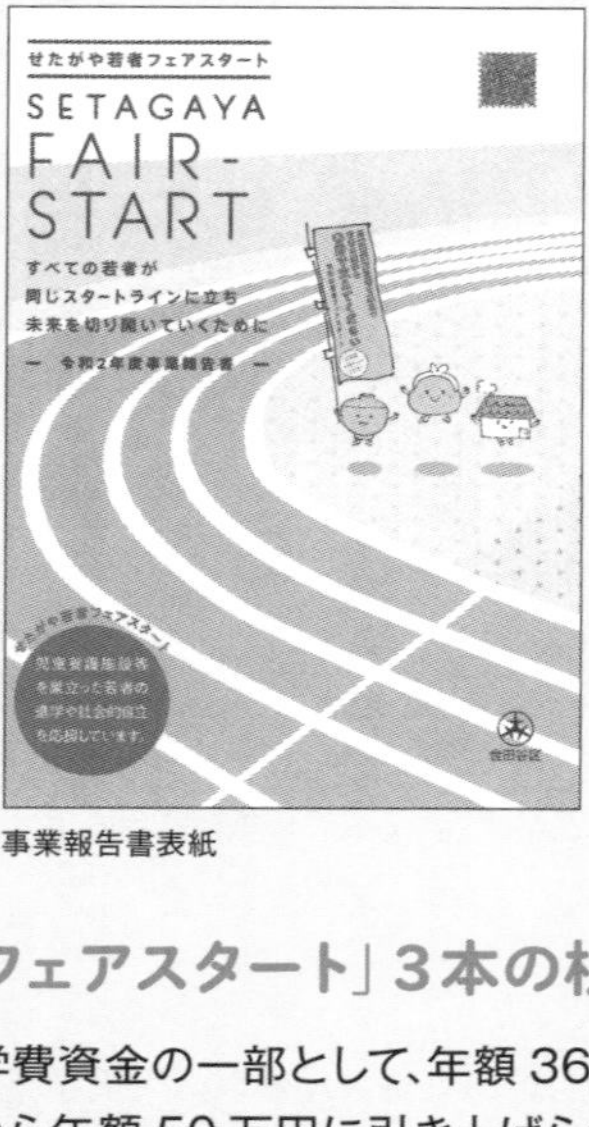

事業報告書表紙

「せたがや若者フェアスタート」３本の柱

・**「給付型奨学金」**…学費資金の一部として、年額 36 万円給付（上限）だったところ、令和４年から年額 50 万円に引き上げられました。また、進学した子だけでなく、就職した子も幅広く利用できる制度になりました。具体的には資格取得にかかるお金や一人暮らしの家賃補助です。

・**「住宅支援」**…区内の高齢者向け区営住宅を借り上げ、5住居を確保。月1万円の入居負担金で生活できます。令和2年度は3住居に3人が共同生活をしていました。

・**「居場所支援」**…地域の中で身近に相談できる仲間を見つけたり、世代を超えた交流のため、区内2ヶ所で毎月1回食事会等を実施しています。

(せたがや若者フェアスタート・「令和2年度事業報告書」「令和3年度事業報告書」より)。

どのくらいの実績があるの?

令和3年9月で、1871件・総額1億9497万1684円の寄附が集まったそうです。スタートした2016年は約2500万円でしたが、2020年は約6900万円集まり、年々増えています。

Breaktalk

せたがや若者フェアスタート事業について
世田谷区役所職員(前担当)・山堂さんとトーク!

れいか:山堂さん、ご無沙汰しております。

山堂さん:こんにちは、お久しぶりですね。よろしくお願いいたします!

れいか:早速、お聞きしたいと思います。

山堂さんは、社会的養護の子たちとかかわりはじめて5年くらいでしょうか。お仕事をしていてどうでしょうか。

山堂さん:そうですね。この仕事を担当して5年となりますが、この仕事に携わる前までは正直、児童養護施設の存在すらよく理解していなかったですし、里親という言葉も聞いたことがありませんでした。私はいわゆる一般的な家庭で生活してきたので、この業務を担当してはじめて、虐待やネグレクト、DV等で幼少期から施設で暮らさなければならない子どもたちが大勢いるということを知り、当時はとても驚きました。

担当していく中でいろいろな事情を持つ子どもたちと関わってきましたが、その中でも感じたのは、自分がいかに恵まれているかということです。逆に言えば、自分とはちょっと生い立ちの異なるこうした人たちに対して行政として手を差し伸べてあげなければいけないという責任感も芽生えました。

事業1年目から関わってきて……

れいか:1年目は事業立ち上げのタイミングですか?

山堂さん:立ち上げたのは前任の方で、私は事業開始初年度から担当しています。

Breaktalk

ですので、ある程度事業内容ができてから引き継いだので、１年目についてはこの事業が開始されるに至った背景ですとかをひたすら勉強していました。先ほどの責任感が芽生えたというのもこうした点を少しずつ理解してきてからです。

れいか：そうなんですね。フェアスタート事業には「居場所」事業もありますが、そこで私は山堂さんに会いましたよね。みんなのお兄ちゃんって感じだったな〜。

山堂さん：そうですね。予定が合えばなるべく行って、みんなと話をするように心がけていました。先月も行きました。いまはコロナの関係で食事の提供を中止しており、その代わり映画鑑賞会をやっているのですが、食事会形式でなくても継続的に来てくれる子もいるんです。つまり食事が目的ではなく、この場所自体がその子にとって大切な「居場所」になっているんだと、居場所の存在意義は非常に高いものがあると改めて感じました。

居場所に参加される方の多くは、もちろん施設等を退所した方ですが、社会的養護に関する支援をされている方、ボランティアの方等が参加することもあります。居場所自体は外部の事業者に区が業務を委託するかたちで運営していますが、居場所はこうした参加者と事業者、そして区が協同して成り立っているといっても過言ではありません。

れいか：そうか、区が直接主催するというかたちではないんですものね。自発的な既存の活動を応援するかたちで、若者を支援するということなんだ。

山堂さん：そうですね。「○○に困っている」といった声は、基本的には支援者を通して聞き、行政で出来る支援があれば、そこにつなげるようにお手伝いすることはあります。

担当者の想い

れいか：山堂さんはどのような思いで参加者と関わっているんでしょうか？

山堂さん：最初の頃は、自分が「居場所」という空間でどういうふうに退所者と接すべきなのかわかりませんでした。退所者である以上、暗い背景を抱えている子が来るかもしれません。そのため、精神的な面も含めた心理的なケアを考えながら接していく必要があるのではないか、と考えたこともありました。しかし、５年間事業に携わってきて、私なりに出した結論は「普通に接する」ということでした。

子どもたちは施設にいた頃からずっと周りから「社会的養護が必要な子ども」というフィルターが掛けられた視線の中で暮らしてきたんだと思います。退所した後もなおそういう目で見られるというのは本人にとってもあまり好ましいことではないのかなと。特に本人たちに聞いたわけではないのですが、私なりに考えた結論です。

いまでは困ったときはいつでも頼ってほしい、というか、「この人に話をしたら

Breaktalk

なにか良い方向に繋がるんじゃないか」というふうに意識してもらえるように、少しお兄さんの空気を出すという感じでしょうか。地域にいる普通のお兄さんとして接するようには心がけています。

れいか：すてきだと思います！　山堂さんの若者との向き合い方って施設の人とは違うなぁと思います。

山堂さん：私が関わるどうこうっていうよりも、この事業をきっかけとして自立に向けて頑張ってほしいですね。

見えてきた課題

れいか：区として支援の難しさとか課題ってありますか？

山堂さん：ありますね。例えば先ほどの居場所支援以外にも、フェアスタート事業には「住宅支援」があるのですが、これは退所者の住居に係る経済的負担を減らすために、区内にある高齢者向けの住宅の一室を退所者への支援用に区が借り上げて、入居してもらうといった支援となっています。この支援は同じ施設の出身者同士が2～3人で共同生活し、生活していくうえで困難なことがあっても互いに助け合いながら、自立に向けた生活力をそれぞれが養ってもらう、ということを理想にした制度設計となっていましたが、実際のところは共同生活が逆に入居者同士の軋轢《あつれき》を生んでしまうといったケースが何度かありました。同じ施設、同じ性別であっても、退所者が抱えるバックグラウンドが違う以上、なかなか区が描いたイメージ通りにはいかないんだということを痛感しました。

この事業は、他の自治体にはない先進的なものではありますが、この間さまざまな課題も浮き彫りとなってきています。事業を立ち上げて「終わり」ではなく、常にブラッシュアップできないかと考えています。ただ、退所者への支援は決まった正解がない事業だと思いますので、難しいところですね。

あとこれは、行政側の都合になってしまうのですが、事業を見直すのって相当な労力が必要なんですよね。「こうしてほしい」と言われてすぐに「はい、いいですよ」とはいかないんです。みなさまの税金を使うわけですからね。だから検討に検討を重ねなければならないので、一朝一夕とはいかないんです。

制度設計と実際

れいか：もう少しながい期間住めるようにしたら、とかそういう声があったりするのでしょうか。

山堂さん：入居期間を延長してほしいという声はありましたね。いまは学生なら、進学した学校の修了年限まで、就職者は2年間まで入居を認めています。就職した方は2年あればある程度自立に向けた資金を貯めていただけるのかなと。学

Breaktalk

生さんはなるべく学業に集中してもらいたいので、学校の修了年限までは入居できるように、という制度設計となっています。あまり長期期間としていないのは、今後施設を退所する後輩達からも利用希望があることが想定されるので、どこかで上限を設定しないと不平等になってしまいますから。延長については、入居者の自立度合や今後の入居予定等を鑑みてケースバイケースで検討しています。

れいか：でも、学校をやめたりすると出ていかなくてはいけないんですよね。うまくレールに乗らない・乗れない場合というと……。

山堂さん：そうですね、こちらが用意した自立に向けたレールに乗っても後に脱線してしまったということは過去にありました。理由は個人に関することなので詳細には言えませんが、そうならないよう区としては退所後の生活のサポートを、子どもたちが退所した児童養護施設の職員さんにアフターケア業務として委託しているところです。

れいか：住めなくなったらどうするんでしょう。

山堂さん：まずは施設の職員さんと今後について話合いをしてもらいます。話し合いの中で子どもに必要となるものが明確となれば、それに関わる支援につなぐといったかたちになるかと思います。

仕事のやりがい

れいか：行政の福祉分野に配属され、社会的養護に関わることでのやりがいってどうでしょうか？

山堂さん：児童養護施設や里親、乳児院などはこの世になくてはならないものだと思うんですよね。もし、それがなくなってしまったら、虐待やネグレクトにあってる子どもたちを誰が守るのか、ということになります。児童福祉に、社会的養護に携われるということはそういった点ですごく社会に貢献しているというか。なくてはならない存在を維持していくために日々仕事をさせていただけているのは非常に光栄に思います。

　ほかにも、課題を抱えている子どもたちを日々支援していくことは、大げさかもしれませんがその子の未来へつながる一歩の一助となっている、そういうところにやりがいを感じます。

地域からの反響

れいか：世田谷区の方々の印象はどうなんでしょうか？

山堂さん：個人的主観でのお話になりますが、例えば「居場所」はボランティアや地域の方からの支援も多く、好意的に受けてもらっているという印象を持っています。「差し入れを持ってきたよ」とか、飲食店をされている方がごはんをつく

Breaktalk

りに来てくれたりということがありましたので。

　奨学金についても、これ自体はみなさまからの寄附を原資に運用していまして、令和３年９月末で約１億 9000 万円の寄附を頂戴しております。あとこれは私自身も驚いていることなのですが、世田谷区にお住まいではない全国津々浦々から寄附をいただいているんです。世田谷区にはさまざまな基金がありますが、この退所者等奨学基金はその中でも群を抜いて寄附が集まっている状態です。そういう意味でこの退所者等支援事業は広くみなさまにご賛同いただけているのかなと思います。

　また、寄附された方のお名前を拝見していると、継続的に寄附されている方が多いという印象があります。毎年事業報告を作り、区のまちづくりセンターや出張所等の窓口に置いたり、お祭りなどのイベントで広報活動をする、こうした地道な行動が効果的だったのかなと思います。

れいか：なるほど。口コミとかもあるかもしれませんね。いろいろお聞かせくださり、ありがとうございました！

世田谷区長保坂展人×田中れいか

「世田谷区が取り組む、児童養護施設出身者への支援」

2021年、世田谷区役所にて——

田中：区長、本日はお忙しいところありがとうございます。

保坂：とんでもない、大丈夫ですよ。

田中：「せたがや若者フェアスタート事業」※1についてお聞きしたいと思います。

せたがや若者フェアスタート事業について

田中：そもそも世田谷区はなぜこの事業をはじめたのか、教えてください。

保坂：いくつかの要素が重なり合って、この事業ははじまったんですね。

1番目の要素は、やっぱり私の個人的な経験からということになります。

※1　平成28年度より、世田谷区ではじまった「すべての若者が同じスタートラインに立ち、未来を切り開くためのしくみ」で、「住宅や居場所の支援に加え奨学金給付を実施」している。「児童養護施設等を巣立った若者が、学業と生活を両立しながら社会的自立に向けて安定した生活を継続することは困難な実態」があることからつくられた。

それは国会議員だった当時、田中さんがまだ小さかった頃ですが、２０００年に児童虐待防止法という法律をつくりました。これは、議員が発案してつくる「議員立法」というもので、成立させる際、事務局のとりまとめ役が僕だったんですね。

そのときには、児童虐待が増加していく中で、子どもを守って虐待を防止するための制度や法律が不十分だというところから国会での議論がはじまって、児童虐待防止法がつくられたんです。

この法律がつくられたことで通報件数が飛躍的に増えるんですよね。グラフや資料を見ていただくとすぐわかることです※2。ただ、これはすごく急いでつくった法律なのですね。小渕恵三総理大臣が突然倒れて救急搬送され、やがて亡くなってしまいまして。総理大臣が亡くなって、すぐに選挙が行われるということになった。

そんな急展開の中、いままでせっかく児童虐待防止法をつくろうという議論をしてきたけれど、国会議員というのは選挙を通らないと集まってくれない。大急ぎで、ここまで議論した内容を解散の前に一回整理しておこうということで、本当に2週間ほどでつく

※2 児童虐待相談対応件数の推移

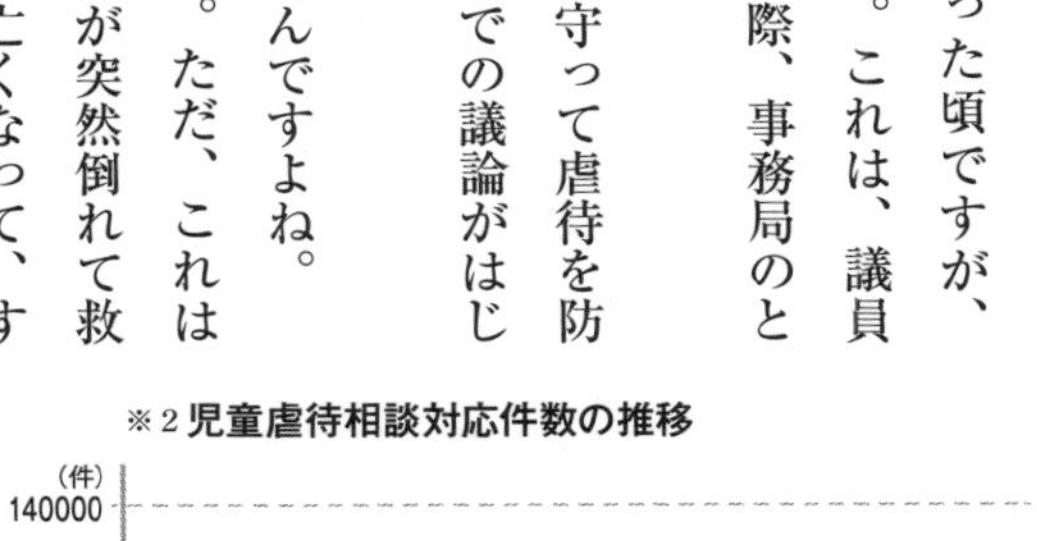

った法律なんですよ。

田中：ほんとですか。

保坂：元々の土台はあったから、衆議院青少年特別委員会で何年かかけて議論してきたけれど、まとめる時間は2週間くらいしかなかった。立法当時に充分ではないところもあったのはわかっていたけど時間切れになった。だから、3年おきに見直していこうという条項を入れました。2003年と2006年かな。それぞれの見直しにも僕は関わっているのですね。

法律をつくったあとで、児童養護施設を何ヶ所か訪ねる機会がありました。当時、全国の児童養護施設の中でも、東京は恵まれていた方で進学の機会が情報提供されていたのだけれども、地方はまるで違っていた。いまから15年くらい前だと地方の児童養護施設は大学進学希望者そのものがまったくいないという状況でした。施設長に「大学や専門学校への進学の状況は?」と聞くと、「戦後1人、大学に進んだ人がいたでしょうかね」と言われたくらい。戦後と言うと70数年で1人くらいはいたとか、そういう状態だったのですね。

つまり、施設に入った段階で、高校までは行けるけれど、あとは自分の力でやるしかないと。そもそも大学進学なんてことを考えることは許されない状態なんだ、ということに気づいたのです。これは、法律をつくったあとでわかったことでした。自分たちは国会議員として、虐待に苦しんでいる子どもを救ったつもりでした。その法律をつくり、確かに通報件数とかは増えているということはありました。ところが、そうやって保護された、家庭から引き離して、いわゆる親子分離して、「措置」という形で児童養護施設に入った10歳の子が、8年後に高校を出ると、そのあとの進路は限られていると。私自身もそこまではわかっていなかったなという、そういう苦い思いがありました。

こんな思いから、どうにかして施設を退所したあとの出口をふさいでいる段差をフラットにしようと。「フラット」というのは、一般の家庭で育っているお子さんと格段の差があるというところで、その差を平らにしていこうということを自分自身の課題にしていたのです。

東日本大震災の日、いまから10年前の3月11日、「日向ぼっこ」という児童養護施設を出た若者でつくるNPOの事務所で取材をしていました。あのときは、退所したあとの子どもたちの格差の問題について、週刊誌に連載をしようということで若者の声を聞くインタビューをしていたのです。それが終わったところで大きな地震が来たという。結局、その連載自体、地震で全部吹き飛んでしまったけれど。

Special Interview

あとはＮＨＫのチームと一緒になって、かなり大がかりな半年から1年かけてそういう若者支援のキャンペーン企画はどうかという話をしていたのです。

これも結局、大震災とともに原発事故が起こって、立ち消えました。

そして、その地震から1ヶ月もたってない4月頭に区長に立候補することになったわけですね。

田中：そういう時期でしたか。

保坂：それで4月24日に、はじめて当選した。

国会議員の世界は知っていたけれど、未知の領域である区長のスタートラインに立った。短い選挙準備の間に、やっぱり若者を支援しますという公約を入れていました。前からジャーナリストとしても言いたかったことでした。

今度は立場が違いましたが、行政としてなにかできないだろうかという思いです。それが、事業につながった1つ目の経緯です。

2つ目は、若者支援課※3というものを立ちあげました。それも児童養護施設中心の若者を支えるというだけではなく、悩んでいる状態の若者であるとか、いじめに悩んでいたりするお子さんとか若者とか、課題を抱えている人たちを支えるとともに、中高生が元気

※3　「世田谷基本計画」を策定した平成25年に、青少年・若者を対象とした施策を充実させる目的で設置された部署。

に遊んだり表現したり学んだり、そういう場をどんどん拡張していこうということでつくったのですね。

田中：保坂さんが区長になったからできたのですね。

保坂：公約の中に若者を支援するということを入れていましたから。

3つ目として決定的に大きかったのは、JC（東京青年会議所世田谷区委員会）の皆さんが世田谷区にある児童養護施設・福音寮を5年間応援するというプロジェクトを立ち上げたことでした。

そのプロジェクト自体、最初は2年間の予定だったのですが、いろいろやりとりしているうちに5年くらいかけてじっくりやろうということではじめたものです。事業をはじめる前に、彼らが相談に来たので、やっぱりいまお話しているような話をしたのですね。

福音寮にいる小学生、中学生、高校生と「いかだ」をつくって、多摩川でのアドベンチャーレースに参加したり、いろいろな付き合いをJCのメンバーがはじめて、年に1回社会的養護の課題を掘り下げるシンポジウムもやったのですね。

福音寮でやったときもあるし、他の会場でやったときもあるのだけど、2年目、3年目あたりで「18歳以降の進路選択の可能性」に大きな問題があるのではないかということに彼らも気がついていったと。そのあたりで、この事業に区として取り組もうじゃないかという気運が生まれてきた。だから、３つが重なって生まれたということですね。

田中：なるほど。区長の問題意識と、区民がはじめた活動が重なって、スタートすることになったんですね。この「せたがや若者フェアスタート」は、３本柱という特徴があると思いますが、これにもなにか区長の思いがあってのことですか。

保坂：いままでは給付型奨学金もいろいろありますが、当時はまだ珍しかったですね。もちろん18歳で児童養護施設や里親の元を出る若者を対象に、渡し切りの奨学金はほかにもあったことはあったのだけど、やっぱりしっかり「支援」を継続するよというかたちでつくりたかったというのがあります。

それから、生活していく上で家賃の負担は、世田谷区なり東京という都市の場合、相当高いよね、と。家賃を払って、それから大学や専門学校の学費も払うということになると、やはりなかなか難しいのではないかと思います。朝・昼・晩、バイトを掛け持ちするみたいな話も聞いていました。そこで、家賃だけでもこちらが支えれば、バイトを一つ減らして、学業を継続できるのではないかと考えたのです。そこで、区営住宅に何人か共同で住んでもらって、家賃は１万円ということにしました。

あとは、施設を出てしまうとお互いに顔を合わせて気兼ねなく話ができるような交流の場がないということも聞いていたので、「居場所」という3本柱を考えたのですね。

田中：実際、スタートしてから社会の反応はどうだったんでしょう？

保坂：そうですね。実はこの反響も2つありました。予想外のことはなにかと聞かれたら、寄附の金額も予想していたよりはるかに多かったということですね。これがはじまったときに例えばNHKのニュースで、取り組みが紹介されたのです。こういう事業がはじまったと。また、給付型奨学金を世田谷区で設置したというのをブログに書いたら、それを50万とか60万とかいう人たちが見てくれて、シェアもしてくれて反響があったのです。それから他の自治体でも、例えば東京都で給付型をやろうとか、国の制度でもつくろうとか支援を考える引き金になっていったという意味での社会的広がりという反響がありました。

寄附はいま、いままでの総額で1億9000万超です（令和3年9月30日調査）※4。

これはちょっと驚異的なことでしょう？

田中：はじめて5年ですよね。

保坂：5年で1億9000万。これはいろいろな寄付の呼びかけがあったからです。ふるさと納税とかで、この基金を活用している人も含まれているけれど、非常に大きな広がりです。そして、報告書を読んで、「では今年も」と継続してくれる人が多数いるのですね。まず、それが意外でした。

5年で見えてきた課題

でも、逆にこういう奨学金をつくって、よかれと思って住宅支援もしたけれど、この支援でどんどんみんなが進学するとかそういうふうにはならなかったと。

進学する人自体が福音寮を含めて限られているし、それから給付型奨学金とかいろいろな条件はそろったのだけど、必要な支援はそれだけではないんだなという。やっぱり就職する人、それといろいろな障がい等を抱えて生活寮とかに行く人もそれなりの数がいますよということがわかった。なので、いまの課題は、せっかく熱い期待と応援のエールをいただいてこれだけのお金が集まってきているわりに、総支出がそう多額ではなく、寄附がたまっていっている状況です。なにが足りないのかということを逆に田中さんにも聞きたいところなのです。

※4 この事業にあつまった寄附件数と寄附金額の推移

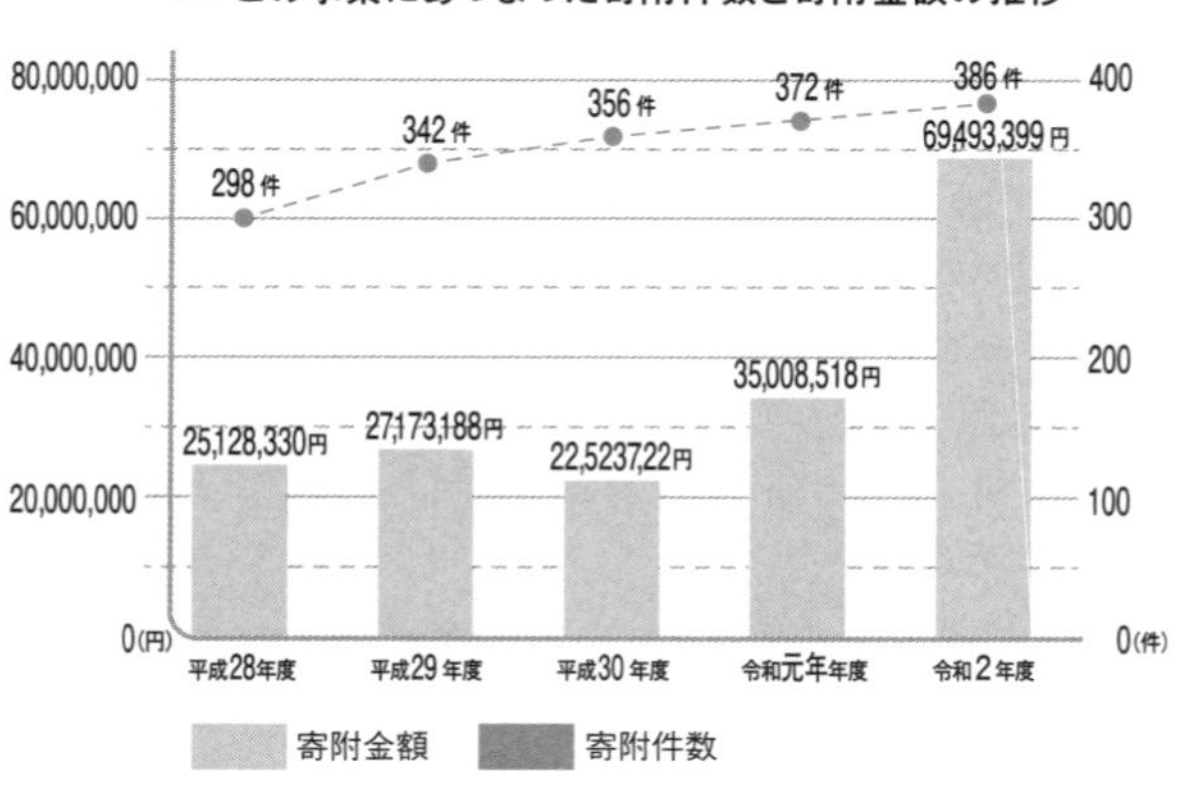

ここまでやってきていま感じているのは、世間の多くのなにかいいことに寄附したいなと思っている人にとって、「児童養護施設を退所後に自力で進学してがんばる若者の応援」という支援は、ストーリーとしてすごくわかりやすかったのではないでしょうか。

でも、自分の選択で働きたいのだという若者をなぜ応援しないのかということですよね。ここはあまり区分けしないでよかったのではないかと、僕自身はいま感じているんですね。働きだしてから、3～4年経ってもう一度、思い立って進学してもいいわけだし、そういう人もたくさんいるわけですよね。こうした支援の仕組みをつくってみると、やっぱり施設なり里親さんの家庭という環境で育って、チャンネルを変えるように、4月1日から一人暮らしをするというのは、すごく落差があるよねと。それでやっていける人ももちろんたくさんいるのだけど、できれば自分の部屋があってそこで自分の責任で生活すると同時に、仲間とか少し年長のユースワーカー※5が若者に寄り添って相談を受けたり、「こういう仕事を考えているんだけど」ということには「こういう知識があるといいよ」とかアドバイスをしてくれて、手助けをするような支援があるといいですよね。それから話し相手。例えば個々の部屋があって、ラウンジみたいな場所があって雑談できるとか、時々一緒に食事をするとか、そういうコミュニティもあるという生活環境がつくれないかなと思

※5　若者支援の専門家。若者に近い立場で、寄り添う存在。「青少年支援を行う専門家（ユースワーカー　Youth Worker）。学校以外で行われる青少年活動や青少年教育の場において若者の課題や問題に付き合うことが求められる。その課題や問題は，若者が子どもから大人へと成長する過程で生じる課題や若者を取り巻く大人社会の問題も含まれるため，非常に幅広い背景と要因を持っている。」（「青少年を支援する専門職（ユースワーカー）養成と力量形成」遠藤保子・水野篤夫論文より抜粋）

っています。

田中：前回、福音寮の理事長に話を聞いたのですが、同じようなことを言っていました。個々の部屋があって、自立を促すような支援が必要だと。

保坂：新型コロナウイルスもありますが、病気になったりあるいは精神的に参ったりというときにどこにもアクセスできないというのは孤独だし、ある意味で「社会的な免疫」もつけなくてはいけません。というのも、いろいろな悪い誘いとか嘘とかにだまされてしまうという話もインタビューしているときにたくさん聞きました。若い子が「かなりだまされました」と。詐欺でお金を巻きあげられたり。そういう日常的にちょっと困っていることを相談して、楽しかったことを話せるという環境は、たぶん施設にはあったと思うけれど、退所してからも必要なのではないかなと思ってね。それがあってこそ社会にうまく巣立っていけるというか、そういうふうに今は考えています。フェアスタート自体をぜひバージョンアップしようよと言っています。

田中：お話を以前伺ったときもおっしゃっていましたね。

保坂：そうだね。なかなかバージョンアップに時間がかかっているので、今年くらいにはね。お金を出してくれた人も大勢いるので、無理なく拡張していけばいいと思う。コロナ禍になってから少し支援を広げたこともありました。それまではそれこそ年間36万円の給付型奨学金を渡しているだけだったんだよね、お金については。でも、コロナ禍でバイトに入れなくて困っている子もいたので、学校にお支払いする学費のみが対象だった奨学金を教科書・教材費、参考図書代、通学等にかかる交通費、あとは美容師や栄養士などの資格取得費まで対象経費を広げました。定期代については、その方にかかった費用を負担すると。

田中：すご〜い！　遠距離の通学だとありがたいです。

保坂：そう、だから少し変わりました。それはコロナの影響があるからという理由なんだよね。時限的な見直しということです。でも、時限的でない見直しもこれから必要だなとは思います。

当事者の発信について

保坂：児童虐待防止法という法律が必要だという、90年代後半〜2000年頃に、「こういう思いで社会的養護の中で過ごしてきた」という当事者による証言をしてくれる若者を僕は探していたのです。当時は、本当にどう探しても見つからなかった。同志社大学の中に当事者のサークルがあったという噂を聞いて調べたら、それはもうなくなっていますと。

田中：養護施設退所者のサークルですか。

保坂：そう、大学生だから卒業してなくなったのかもしれません。主催が施設で育った大学生だったのでしょう。そのくらい、児童虐待防止法をつくるときにはいろいろな当事者、施設長とかにいろいろとヒアリングしたのです。当事者の声が聴きたかったのに、当時はどう探してもいなかったのね。ところが、いまは田中れいかさん一人かというと、シンポジウムを開くと来てくれるように、たくさんいるの。

「自分は施設の中でこんなことを感じてきたよ」「いまはこんなふうに夢を持っているよ」って言ってくれる人がすごく増えたよね。

田中：はい、すごくたくさんいます。

保坂：特に3年くらい前から急増したと思う。非常に増えた。それはひょっとしたら、世田谷区のフェアスタート事業の活動が話題になったりニュースになったりしたこともバックアップしているのかなとも思います。どんどん主張していいんだという気持ちになってくれる人が増えたらいいな。

田中：実際に「世田谷区はいいなあ」とか言う子もいます。発信の拠点はＳＮＳとかが中心ですかね。そういうところで、いろんな声を聞いていると、「自分の地域にはない制度だからうらやましい」みたいな意見もありましたよ。SNSで発信がしやすくなったし、情報にもアクセスしやすくなって、自分たちも権利を主張しやすくなったかもしれません。

保坂：そうですね。10年前は僕が取材をした「日向ぼっこ」という団体が唯一でした。その頃はその団体が唯一、厚生労働省の会議とかに出てきて話したりすることができる人だったのですが、いまやそういう団体もいっぱいできているし、ずいぶん状況は変わったかなと思います。

田中：昨年くらいから厚生労働省も、社会的養護経験者全国ネットワークのためにお金を出すようになって、経験者同士が交流したり、意見を出せるような環境をつくろうという動きがでてきたので、当事者同士のつながりと当事者の発信は今後も加速すると思います。

自治体の取り組みの変化

保坂：区のほうで最近の大きな変化は、児童相談所をつくったということです。これは区の職員150人がそれぞれの持ち場についてスタートしているのですが、そのうちの相当多くが、半分近くと言ってもいいかな、半分弱くらいが一時保護所の職員なのです。いま、一時保護所を徹底改造しようということを国の審議会で論じている先生たちも「世田谷区なら変えられるでしょう」みたいな感じで提案されたので、取り組むことにしました。例えば、一時保護所でみんなで一緒に大部屋で寝るのはよくないよと。ここでの生活を聞いてみると、保護されたというより捕まったという印象を子どもは持つんじゃないかみたいな。

田中：たしかに。

保坂：だから、安心できるように個室にしようと。あとは、食べるのも「せ〜の」で一緒に食べるというよりユニット制にして、それぞれ小グループでつくって食べるように変えようと。

田中：私も一時保護所にいましたが、しゃべってはいけないなど決まりがある場所もあります。

保坂：つい最近まで、東京都の一時保護所では、子ども同士目と目が合ったらだめで、壁に向かってごはんを食べなさいという指導もあったようです。

それは「人権侵害」だということを弁護士さんたちが指摘したということがあったのですが、少年院のルールがなぜかそのまま入ってきてしまったのですね。それらを変えようとすると、一人ひとりを大事にする環境をつくればつくるほど、人手がいるのです。そういうことで職員も大勢が関わる形になったのです。

児童相談所なり社会的養護の仕組み自体が、戦後の混乱期に親を戦争で亡くしたお子さんたちのような戦争孤児たちの保護がスタートラインだったのですね。

でも社会はだいぶ変わって、家庭が抱える課題、虐待や暴力の在り方もさまざまで、制度をリニューアルしていかなければいけないと思っています。

いま、子どもの人権、子どもの権利条約に則した社会的養護の再構築が必要です。それをやるためには本当は子ども自身の声を聞くということを原則にしなければいけないので、小学校1～2年生はなかなか自分のことを言葉で言えないということがあるとすると、助言者というか「アドボカシー」という、気持ちを代理・代弁する人たちについてもらうということをはじめています。一方で田中さんのような社会的養護の経験者から見て「ここはこういうふうに直してほしいんだけどな」みたいな意見を両方取り入れていけたらいいなと思っているのです。

田中：これから世田谷区では社会的養護に当事者の声を取り入れるという方針なのですね。

保坂：そうですね。つい最近、児童福祉審議会でも施設長のヒアリング、それから里親さんのヒアリング、それから施設で育った若者のヒアリングをしました。里親家庭で育った若者もいたかな。そうやって当事者の声を聞きながら報告書をまとめるということもはじまっています。

田中：他の自治体の反応はどうですか。

保坂：もちろん他の自治体も触発されているのか、例えばふるさと納税制度を使って応援しようとか、そういうところは出てきていますよね。

これは市町村で児童相談所を持つということとセットにして議論しているところもあるかな。児童相談所というのは年々増えてくる通報に対して「子どもを守る」という形でアプローチをするのだけど、最終的に児童福祉は18歳で途切れてしまいますよね。児童虐待防止法をつくるときに、児童養護施設の施設長から「いろいろな課題があるけれど一番は、終わる福祉というのは児童福祉だけなのだ」という意見を聞いて、なるほどなと思ったことです。福祉というのはだいたい終わらないんですよね。障がい者福祉も高齢者福祉もかなり継続して続くのだけど、児童福祉だけは18歳でポツンと切れてしまうという。それでいいのかということを問題提起されたんですよね。

田中：他の区の話だと、板橋区でも進学した子限定なのですが家賃を助成する制度（板橋区・児童養護施設卒園者応援プロジェクト）を2年くらい前にはじめて、そのタイミングでお話を聞かせていただいたのですが、部署をまたいだ事業になるので、説得したりちゃんと形にするまでがすごく大変だったと仰っていました。なぜひとり親家庭の子どもたちも困っているのに、社会的養護なのかというような議論があって、実は大変だったという話を聞きました。それに対して、「社会的養護」が大事だという議論をどうつくっていったとか、区長としてこういうことをしたということがあればぜひ教えていただきたいです。

保坂：まず、行政は平等でなければならない、偏ってはいけないということは言われるのですね。でも「平等になにもしない」というのでは平等とは言えないですよね。なにもしないというのは「放置されている」ということになりますよね。ひとり親家庭の子どもたちも、相当に収入は厳しい。でも生活保護はぎりぎり受けていないとなると、そういうお子さんの進学率もやっぱり低いのです。

そこはどうなのかという声はもちろん出てくるけれど、まず、どこからかはじめていかないと支援を広げていけないわけですよね。だから、社会的養護の枠組みの子どもたちだけを世田谷区は応援すると言っているわけではなく、いろんなケースに裾野を広げていきたいというふうには思っています。

それから、これに対する反対論というのは正面からはなかったですね。ただ、そんなに寄附金をあてにしていいのかという声はあった。みなさんからの寄附金が1億9000万も集まるとは全然予想していなかったから、例えば1000万とか500万しか集まらなくてもおかしくないわけで、でもやる以上は1回だけではなくって続けなければいけないよねということでした。ですから、当時区の予算として5000万円を基金に入れた。だから、仮に寄附がほとんどなくても、いまの支援なら10年は継続できると。寄附がこれだけあったので実際にはもっともっと続くわけだけど、5000万円というのはそれなりに大きなお金です。楽観的に寄附が来ると見込んでいるけれど、そんなに来るのかねという声はありました。でも、それも反対というわけではないかな。

田中：そんなに寄附は来ないいんじゃないかという感じでしたか。

保坂：はじめは、見当がつかない状態だったかな。やがて、区のいろいろな担当にバトンがわたっています。最初は若者支援担当課がやっていて、いまは児童相談支援課に移っています。寄附について周知できるよう、初期の職員が相当にがんばったということがあります。地域のお祭りやイベントにパンフレットを持って行って。ライオンズクラブとかロータリークラブとか、そういうところに行って「応援してくださいね」と。それからお祭りみたいなところでコーナーを設けて寄附を呼びかけたりとか、そういうことがだんだん繰り返されていくうちにどんどん浸透していって、「テレビのニュースで見たよ」と言われたり、応援するよということで集まってきている。

1億9000万円の半分くらいが世田谷区内からだったかな。逆に言うと、半分近くは区外なのです。その人たちがなぜ寄附してくれるかというと、はっきりなにか役に立つ寄附をしたいということをおっしゃっていますね。これは、途中で消えてしまわない、確実な寄附ですよね。

田中：寄附にした理由はどういうところにあるのですか。

保坂：世田谷区だけで、いわゆる税財源だけでやっているということよりも、寄附の意味は大きいと思っています。財源が足りなくなれば基金で支えるけれども、実際にこの事業は寄附で十分に回っています。実際の寄附のお金も大事ですが、社会的養護の若者たちを迎える社会がどのくらい理解しているのかということが重要です。理解がないことによる壁が大きいと思うのです。差別したり遠ざけたり、そういう決して目には見えないけれど当事者本人たちが感じる壁があると思うので、その壁を壊していく、隔てるものをなくしていく、そのためにこの事業に参加・賛同してくださいねということです。それを知ったうえで、その金額がいくらであれ「自分はこれを応援するんだ」という気持ちで寄附する

Special Interview

ということが大事なのです。

その効果が出て、「うちの商店街でバイトしてよ」とか、子どもたちにそういう声がかかりはじめます。それから、「うちの会社に来ない？」みたいな声がJCの関係でかかったりしはじめているというのは聞いています。だから、まだまだだけれども、5年前よりずいぶん社会の理解度も改善した。それは寄附で呼びかけて巻き込んでいったからだと思います。区だけのお金でやっていたのでは、そうはならないと。自分たちがオーナーだというか、自分のお金のいくばくかが若者たちの役に立ったなと思ってくれれば、関係ができるし継続性があるかなと。

田中：それが社会づくりにつながっていく……。

保坂：そうですね。田中さんがこういう本を出すことも、そういう社会の壁を壊すことになるのですよ。社会的養護について理解した上で、内容はまだまだ改善しなければいけないことがすごく多いので、そこをちゃんとすることが必要だし、里親の家庭で養育するということを国は推奨しようということになっているけれど、そのわりに意義などは世の中に広がっていないですよね。そういうことをもっともっと広げていく必要があるのではないですか。

そういう意味で児童相談所もあり、児童相談所の仕事の一つとして里親家庭を増やす仕事もあるのだけど、田中さんたちのように施設の経験者が制度自体について、ここはこうあったらいいなという声をもっとあげてもらうことが大事だと思います。

田中：これまでこの制度を利用した若者たちに会ったことがあると思いますが、どんな思いで会っていますか。

保坂：この制度を利用しても、みんな大変で、がんばっているねという感じがするよね。状況は決して楽ではないよね。みんなには住宅費用の1万円という支援をもっと使ってほしいのだけど、なかなか難しい面があると気がつきました。例えば施設や里親の元を出た人たち同士で、2人なり3人なりで一緒に住んでもらって「じゃあ勝手にやってね」ではうまくいかないのかなと思っています。やっぱりユースワーカーが必要かなとは思いますね。

それが発展すると、個室があって、ラウンジみたいなものがあって、常に仲間同士などで相談できたりするという機能付きの寮のような生活の場ができるといいなというのが当面の目指すところですね。世田谷区でそういうものをつくっていくことによって、「こういう形の支援があるのか」と、こういう形の場があると変わっていくんだということが広がっていけばいいなと思います。世田谷区だけではなく全国にね。

「支援」をするということ

田中：そもそもの話になってしまうのですが、前例のないことをやってきた、原動力とかそういうのはなんでしょうか。

保坂：これはどんな職業にも言えるかもしれないけれど、役所であっても国会議員であっても企業であっても同じだと思うけれど、自分たちがやろうとしていることの相手、対象を見ることです。

例えばAさんという16歳で高1で進路を考えている人、その人の気持ちになれるかどうかというのが大きいんじゃないかな。僕はやっぱり自分が法律をつくっていいことをしたと思っていたけれど、「そんな進学なんて、とてもとても彼らには無理ですよ」と言う施設の人の話を聞いて、「これは根本的にだめだな」と思ったの。

だめというのは、自分たちがつくった法律も本当に未完成で、保護だけして後は知らないよと言うのはおかしいねと。社会としておかしいんじゃないかと思ったというところがあるかな。

だから、社会的養護の中で進路をめぐって悔しい思いをしたり、悩んできた人がいるだろうということを想像するということかな。イメージして、そこから見てこう変われば少し可能性が広がるかもな、ちょっと明るくなれるかなということを考えて実行する、結果的に改善できる人がいるとうれしいというか。そういうことです。

田中：私、何度か区長にお会いしていますが、はじめて聞きました。そういう思いだったんですね。

保坂：時々、若い人に思いを聞かせてもらっていることはありがたいなと思います。いままで何人か聞いてきているから。逆に、ひどい目に遭ったという話もいっぱい聞いてきました。いま30代くらいの人たちからはね。子どもをきちんと扱わずに、頭ごなしに押さえつける文化も、この社会には長いことあったのです。でも、一人ひとりの判断とか気持ちとか選択を大事にしようということに変わってきているわけだから、それを加速させていきたい。

田中：最後に、区長から「社会的養護」を勉強する読者のメッセージをお願いします。

保坂：児童養護施設にこれから関わろうと思っている人たち、職員として児童相談所で働こうと思っている人とか、あるいは心理の勉強をしようとしている学生さん、いっぱいいいると思います。この分野はけっこうやりたいと思う人が多い。社会が非常にわかりにくく複雑になる中で、自分の力を使って、子どもの心に寄り添い、伴走してなにか支援していけたらと思う人は多いのです。

でもそれがひとりよがりにならないように、制度の歴史などを勉強することが大事です。そして一番大事なのは、当事者である小さな子どもから18歳以上の社会に出ていく人も含めて、ずっとつながって応援していけるような制度にもっともっと改善しなければいけないということ。みなさんはその力になってくださいねということですよね。

田中：なるほど。今後、世田谷区の取り組みがアップデートされるのをたのしみにしています！　今日はありがとうございました。

［終了］

保坂展人（ほさか・のぶと）
1955年生まれ。世田谷区長。ジャーナリスト。1996年から2009年まで3期11年衆院議員。2011年現職。3期目。著書に『88万人のコミュニティデザイン』（ほんの木）『相模原事件とヘイトクライム』（岩波書店）『暮らしやすさの都市戦略——ポートランドと世田谷をつなぐ』（岩波書店）『親子で幸せになる学びの大革命』（ほんの木）『NO！で政治は変えられない』（ロッキングオン）『こんな政権なら乗れる』（朝日新聞出版）。
■ Twitter　@hosakanobuto
■世田谷区ホームページ「区長の部屋」
https://www.city.setagaya.lg.jp/mokuji/kusei/001/002/index.html

Chapter 10

「児童養護施設出身」でも夢は叶う！

夢を共有できた人

大学3年目で、私の人生のターニングポイントになった出来事がありました。

それは、コーチングです。

コーチングとは、英語のコーチ、「馬車」という意味が語源とされており、馬車には、「人を目的地まで送り届ける」という目的があることから、coaching（コーチング）は「対象者の目標やゴールに向けて支援すること」ともいわれています（引用：https://shigotonomirai.com/about-coaching)。

留年が決まり、お母さんに勧められたのがきっかけです。お母さんの言うことなので最初は乗り気ではなかったのですが（笑）、「せっかくだから」と受けてみることにしたんです。当時のコーチは、落語家の息子さんでご自身も一時期お笑い芸人をやっていたことがある、というような特殊な経歴の方だったので、芸能界の話も聞くことができるかなとも思いました。

それまで資格を取ることを考え、わりと堅実に将来のことを考えてきた私が、思い切ってモデルの仕事をやってみよう！　と思い行動できたのは、このときのコーチがひたすら背中を押してくれたからです。

ここで一つコーチングの例を紹介しますね。

コーチングには定番の質問として、「なんの制限もなかったら、あなたはなにをやりたい？」という問いがあります。

自分の置かれている立場や過去、悩みなど、そういうのを全部取っ払った上で、なんでもできることになったら、なにをやりたいかを考えて言葉にします。

ちょっと妄想の世界って感じですが、やりたいことをどんどん口に出して言っていくと、それをコーチがまっさらなノートに書き留めて、「じゃあ、これは何歳までにやりたい？」

「これをしているれいかちゃんはどんな服装をしている?」などと一つひとつ、具体的に詰めていきます。

私にとってその作業は、すごく解放的で、胸が躍るものでした。

「私はこういう世界が好きなんだ」とかはじめて知ることもあったし、コーチングを通じて、ワクワクできる時間が増えてくると、「それを実現できたら、もっとワクワクできる!」というポジティブな気持ちがどんどんわいてきます。それをくり返していると、「挑戦してみよう!」という前向きな気持ちになり、セッションの帰り道は妄想で頭がお花畑状態に(笑)。退所してから、こんな気持ちになったのは、はじめてのことでした。

これまでの私は「言ってもなにも変わらないからあきらめよう」とか「お金がないから無理」と悲観的で自分の行動を制限するように生きてきたので、それを取っ払うという作業がすごく新鮮でした。

これがもう本当に不思議なのですが、現実的に考えて難しいことでもコーチングを受けていると「本当にそうなれるかもしれない」という気持ちになるんですよね。

「自分の中の思いを外に出す」、「言葉にする」ということが持つ力を学べた経験でした。

コーチングは半年間受けました。毎週1回、1~2時間だったと思います。コーチは私にとって、はじめて夢を共有できた人でした。

例えば私が「モデルになりたいって思っているんだ」と言ったら、大半の人は「ちょっと難しいんじゃない?」とか「いったいどうやったらなれるの?」とか、心配してくれたり、ちょっと釘を刺すようなことを言うと思うんですけど、コーチは絶対否定しない。「できる、できる」と言って背中を押してくれる。肯定してくれるスタンスがすごく私に合っていると感じて、とても心強かったです。そのコーチと出会えたおかげで、のびのびと夢に向かってチャレンジできるようになりました。

施設出身モデルとしてデビュー

「なぜこれをやりたいの?」という質問を掘り下げるコーチングを通して、単に「モデルになりたい」という気持ちから、「モデルになって社会的影響力をもちたい」という気持ちに変わったとき、同じ施設にいた一つ年上のまさや君を思い出しました。

まさや君はすごくまじめで優しい男の子で、夢を持って4年制大学に進学していきました。でも、卒業まで一歩手前の大学3年生で中退したそうなのです。詳しい理由は聞いていません。もしかしたら施設のことやお金のことが理由なのかもしれないし、それはいまもわからないままです。

特に仲良いわけじゃないんですけど、大学の学費を貯めるために高校生の頃からバイトを一生懸命やっていたのを知っていたので、「あんなにまじめな人がどうして」という悔しい思いが私の中にずっと残っていました……。

経済的体力があれば、だれかが相談にのってくれれば、卒業まで頑張れたかもしれない。そう思うと「できることなら施設出身の子どもたちみんなに夢をあきらめないでほしい」と思ったんです。

その時に自分のルーツとやりたいことがつながりました。

折れそうになったとき、私も応援してくれる人や支援につながったことで、なんとか再び大学に通うことができました。寂しい気持ちや不安をバネにできたのも、住宅支援を受けて経済的にすこし楽になったこと、施設の先生や支援事業で関わるようになった大人たちとの交流で心に余裕がうまれたからこそです。

まさや君にもそういうことがあれば、最後まで大学にも通えたかもしれない。いまも会えていないまさや君の中退が、私の想いを強くしてくれました。

施設で育つ子どもたちは、退所後なんだかんだ一人で世間に立ち向かわなくてはなりません。まだ、18、19歳の未成年です。成人年齢が引き下がったとしても、すべて自力で解決できる年齢ではありません。

困ったことやトラブル、不安を相談できる両親がいない、もしくは連絡を取っていない子どもたちは、どうすればいいのでしょうか。

そこから、「施設出身モデル」として発信していこう、とコーチと決めました。名刺を作って交流会にたくさん参加して……活動をはじめてすぐ、反響がありました。

はじめて会う人には「施設出身モデル」という自己紹介をさせていただくと、私の雰囲気と施設のイメージが結びつかず、いい意味でギャップがあると言われたのです。どんな活動をしようか悩みながらも、「これは児童養護施設のイメージを変える」ことにつながるのかもしれない、とも感じていました。

最初は「フリーランス」のモデルとしてたった一人ではじめたことなのですが、すごくポジティブな気持ちで、「私はきっと施設のイメージを変えていける！」と思えたんです。

ミスコンに出る！

モデルの活動をはじめてすぐの２０１７年、ミス・ユニバース茨城県大会に関わっていた知人から「よかったら出てみない？」と声をかけられました。

考えたこともなかったので迷いましたが、なぜか「10秒で決めて」と言われて（笑）、「えいっ」と思い切ってチャレンジすることにしました。

ミス・ユニバースとは、世界を代表するミス・コンテストで、ミス・ワールド、ミス・インターナショナル、ミス・アースと合わせて世界4大ミスコンの一つです。美しさだけでなく、社会貢献への想いや協調性、ホスピタリティやこれまでの実績なんかも評価対象になっている大会です。47都道府県で開催される選考会で1位になると全国大会に進むことができ、全国大会で1位になった人が世界大会に進むことができる、とても大きな大会です。

「まずは県大会で1位にならないと……」そう意気込んでいた私は、コーチングを受けていたときのように「1位になったらどうなりたいのか」を目一杯エントリーフォームに入力。やるからには全力です。

書類審査に合格して面接審査にも進んだのですが、面接のときのことは緊張していて正直ほとんど覚えていません。ただ一つ、施設出身であることを話しました。

施設で暮らしている子どもたちや卒園した子どもたちみんなに「夢は叶えられる」ということを伝えたいという思いが一番大きかったので、「このコンテストで優勝することで、それを体現したい」と精一杯伝えました。また、茨城県で暮らすお父さんにいまの私を見てもらいたいという気持ちも密かにありました。それからは、ドキドキしながら結果を待つ日々。「ファイナリスト進出のお知らせ」のメールが届いたときは、その場で静かにガッツポーズをしました。

それからはあっという間だったなというのが正直な気持ちです。

どのミスコンでも共通して、「ビューティーキャンプ」という自分を磨くための講義が組み込まれています。筋トレ、ヨガ、ダンス、スピーチ講座、法律の授業、ウォーキングレッスン、小顔講座、メイク講座……ジャンルもさまざまで、たくさんのことを学ばせてもらいました。

これはもう本当にいまでも活きている知識をたくさん吸収することができました。ぜいたくですよね、ファイナリストは無料で受講できるんです。

あとは、茨城県内のお祭りにドレス姿で出演させてもらったり、茨城県内の企業と関わったりすることもありました。みんなでサイクルウェアを着て自転車で「つくば霞ヶ浦《かすみがうら》りんりんロード」を走ったのもいい思い出です……（しみじみ）。

モデルとしてちやほやされる経験がなかったので、お祭り中に「写真撮ってください」ってお願いされたり、「サインください」って言われたりした経験はいまでも色濃く覚えています（なにもつけてないのに「いい匂いする～」と女の子に言われた経験も！笑）。

たくさんのはじめてを経験させてもらったなかで、いまでも忘れられないのがスピーチ講座です。

この講座の講師が企業の社長をつとめる女性だったこともあり、授業の冒頭からピリッとした緊張感が漂っていました。その女性社長さんは、容姿だけでなく伝え方、歩き方、すべてがこれまで出会った人とは格段に違ったオーラがあり、とても圧倒されました。理路整然としたブレがない言葉を浴びるうちに「人を感じて見抜くこと」を教えてもらった気がします。いま思い出しても背筋がピンと伸びる、そんな女性です。

スピーチ講座の最後は3つのテーマからひとつを選び自由にスピーチをすることに。テーマは、（A）最近感動したこと（B）最近、ハマっていること（C）将来やりたい社会貢献の3つです。

もちろん私は（C）将来やりたい社会貢献を選び、制限時間内でスピーチを考えたのですが、結果は時間内に思いを伝えれずに終わってしまうという結果に……。思いが強すぎるがゆえにその結果が悔しくて悔しくて……。人前ではじめて泣きました。「泣いちゃダメだ」とわかってはいるけど、その女性社長さんがいたからでしょうか？　なぜだか涙が止まりませんでした。ファイナリストからのフィードバックとして「れいちゃん自身が笑顔になれるスピーチがいいね」とか「れいちゃんは居るだけで知性に溢れてるよ」なんていうフォローをいただいたのですが、そのあともなぜかどんよりした気持ちが消えませんでした。

暗い気持ちのままだったスピーチ講座の帰り際、その女性社長さんがそのときの私に合う、ぴったりの言葉をかけてくれました。

それが、スピーチについてではなく、ビジュアルの見せ方についての具体的なアドバイスだったのです。私が落ち込んでいる気持ちを汲んで、あえて別の角度から見たことを伝えてくれたのだと思います。励ましながらも気づきを与えてくださるような大人のサポートに胸がいっぱいになりました。

季節はクリスマスシーズンの11月末。街中にきらきら光るクリスマスオーナメントを見ながら、「今日はこんなんだったけど、私もこれから輝けるよね」と勇気をもらった出来事でした。

そうして迎えたコンテスト当日の12月10日。これまで磨いてきたことを披露するときが来ました。

審査項目は3つ。①水着審査、②私服審査、③1分間スピーチです。これまで切磋琢磨してきた仲間たちと、「その衣装いいね」「やっぱりそのドレスが似合うよ」なんて言いながら、バタバタと舞台へ向かいました。

会場には一番見てほしかったお父さんは残念ながら来ていなかったのですが、お母さんと施設の先輩が来てくれていました。

結果は準優勝でした。

1位になるつもりで頑張っていたのでがっくりした気持ちもありましたが、そんな思いは一瞬で吹き飛び、入賞できたことがとてもうれしかったです。モデルとして、一つ目の大きな結果を出すことができました。

ミスコンでの受賞の瞬間

といっても、ミスコンで準優勝したからと言って、なにか大きなオファーをいただけるわけでもなく、変わったことは正直そんなになかったように思います（笑）

なにか活動をしたいのなら、「自分で営業をしていかないといけないんだな」という感覚もありました。でも、受賞をきっかけに私が施設出身者だと公表したことで、「児童養護施設ってどういうところなのか教えてほしい」と少しずつ連絡をもらうようになりました。

ここから、企業の社長さんから地域のお母さんまで、いろんな方に「児童養護施設はどんなところか」お話させていただくようになります。

Lecture 10
児童養護施設に行ってみよう！

児童養護施設への支援ってなにができるの？

施設で暮らす子どもたちへ支援をするための方法について紹介します。大きく分けていうと３つの段階があります。

①施設で暮らしている子たちへの支援（インケア /2 歳～）

②施設を巣立つ子たちへの支援（リービングケア / 高校生～）

③施設を出た子たちへの支援（アフターケア /18 歳～）

３つの段階ごとに「直接的な支援」と「間接的な支援」に分けられます。

それを図にしたのがこちらです。

児童養護施設の子どもたちへの支援

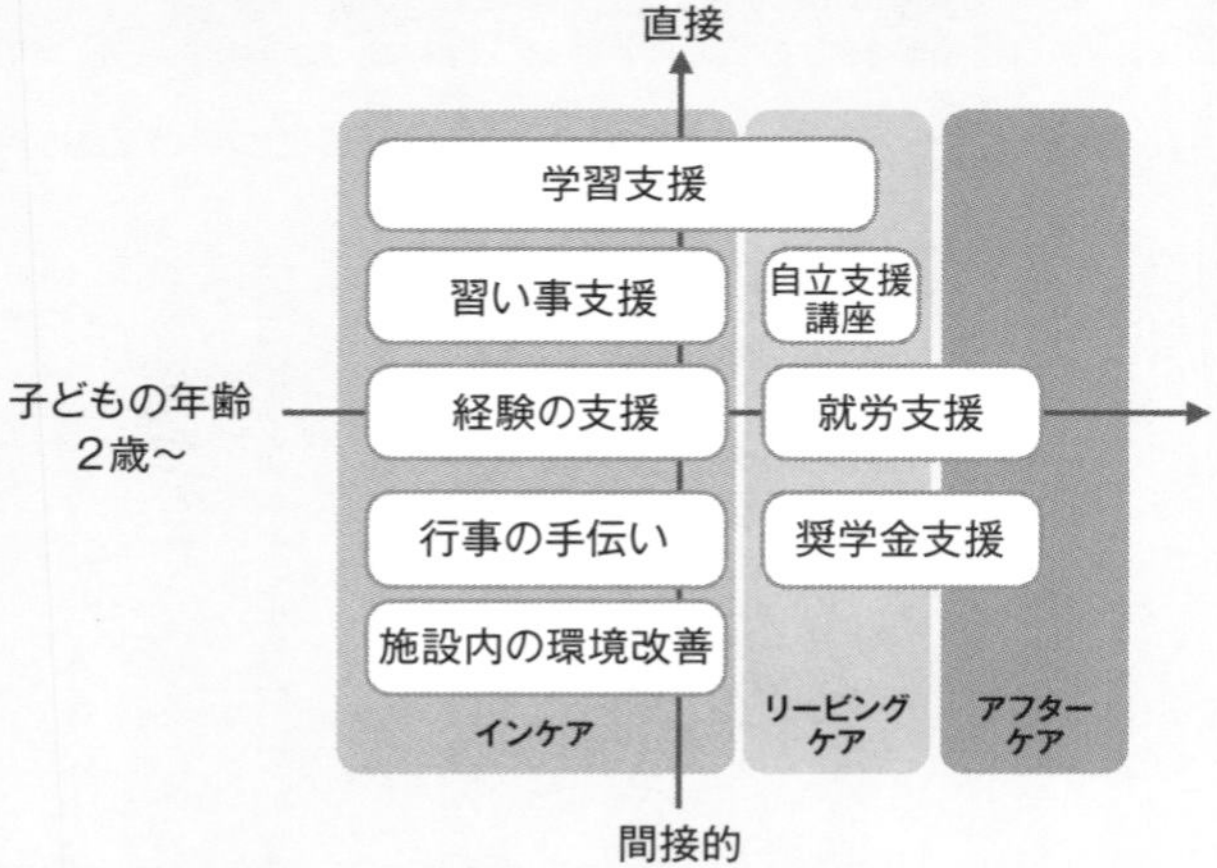

①施設で暮らしている子たちへの支援（インケア /2 歳～）

直接的な支援

・**学習支援**→1対1の学習ボランティアさん・無料の学習塾・オンライン学習映像の提供。

・**習い事支援**→絵画の先生・影絵の先生・ピアノの先生が該当します。

・**経験の支援**→ディズニーランドへ行く機会をつくる・USJ に行く機会をつくる・職業体験施設への招待・スポーツ観戦の招待・オーケストラ鑑賞の招待・読み聞かせボランティア等。

間接的な支援

・**行事の手伝い**→施設で開催されている行事（もちつき大会・地域の人も参加できる施設のまつり等）のお手伝いがこちらに入ります。

・**施設内の環境改善**→オンラインシステム構築の手伝い・施設内のお掃除ボランティアさん・布団や雑巾などを縫う裁縫ボランティアさん・施設に彩をくれる生花ボランティアさん等。

②施設を巣立つ子たちへの支援（リービングケア / 高校生～）

直接的な支援

・**学習支援**→高校への進学や大学・短期大学へ進学する子への学習支援・無料の学習塾・オンライン学習映像の提供。

・**自立支援講座**→ 18 歳で施設を巣立つ子が多いので、一人暮らしをはじめるときのお金のやりくりの仕方や一人暮らしに関するレクチャーをする支援。現在は地域の NPO 団体さんが担っていることが多いです。

間接的な支援

・**就労支援**→大学や短期大学・専門学校へ進学しない子は高校卒業と同時に就職するので、その際の職業紹介や働いたあとの支援が該当します。

・**奨学金支援**→進学する子や施設を出る子たちへの金銭的な支援です。

③施設を出た子たちへの支援（アフターケア /18 歳～）

・**就労支援**→大学や短期大学・専門学校へ進学しない子は高校卒業と同時に就職するので、その際の職業紹介や働いたあとの支援が該当します。

・**奨学金支援**→進学する子や施設を出た子たちへの金銭的な支援です。

正直、アフターケアの支援はここで挙げたものの他にた～くさんあります。居場所事業や食糧支援、住宅支援・相談支援などです。長く児童養護施設にかかわってくれている人の中には「施設を出たあとの方が大変だから、施設を出る子たちへ卒業祝いとして商品券を渡している」という人もいます。現状を理解したうえでのサポートがうれしいですね！

Chapter 11

「スピーカー」という仕事

スピーカーとの出会い

この活動をはじめて、「転機」となったのは23歳のとき。社会的養護の勉強会に参加して、他の施設で育ったスピーカーと出会ったことです。

「スピーカー」とは、当事者の立場で自分の体験や人生などを語る役割をしている方を指します。私が生い立ちを話す活動をはじめたのは、まず世の中に施設出身者として発言する人がまだあまりいなかったからです。

そして、過去を話すということは、やっぱり悲しい経験、辛い経験を思い出すということです。「同じ施設のあの子に過去のことを話せなんて言えないよな……」そういう思い

ミスコン後、講演会にチャレンジする機会が増えました

もあって、これができる人は限られている、と感じたことがきっかけでもありました。

私は、親の離婚が原因で施設に入りました。このケースはおそらくほかの子に比べて軽いケースのはず。

他のスピーカーたちに会ってみると、「ライターで肌をあぶられる」「親にご飯を作ってもらえない」などひどい虐待経験を話す子たちもいました。辛い過去を言葉にするというのは、とても大変なことです。この活動はスピーカーの負担がとても大きいのですが、虐待の実態を語るサバイバーとしての彼・彼女たちの活動は、とても貴重なものでした。

この圧倒的な言葉の重さ、傷を通して出てくる言葉を前にすると、「私がいま、話していること、やっていることは意味があるのかな」と思ってしまうことが増えました。世の中も、どんどん重いエピソードを欲しがっているんじゃないか。メディアもそういう話を期待しているのだろうなあ…とかそんな風に考えてしまったのです。

このときは、すっごい葛藤がありました。

私は、子どもの頃から両親それぞれに定期的に会っています。家族では暮らせなかったけれど、施設でそれなりに幸せな生活を送っていました。

「そういう幸せな人が施設のことを発信してもいいのかなあ?」と。

当事者活動の中で生まれた悩み

そして、数年経ったいまだからこそ言えますが、私は誰かに必要とされたくて生い立ちを話す活動を頑張っていたのかなと思うことがあります。

というのも、単なるモデルである私よりも「児童養護施設出身者」である田中れいかのほうが明らかに求められていたからです。

「児童養護施設出身」という立場で、私に欠乏していた承認欲求を満たそうとし、登壇するときだけいい顔をしていたのではないかと。生活よりも発信を優先していたようなときもあります。気づかないうちに心を削って活動してしまっていました。当時22歳。大人としての心が正常に育っていない中で当事者活動をしたことは、社会をよく知らない私の感覚をおかしくしていきました。

例えば、「あるある」に振り回されてしまったこともあります。

社会的養護の勉強会に参加したり、NPO法人など施設出身者を支援している団体のスタッフさんと話したりしていると「児童養護施設出身者あるある」を知ることになります。みんなに当てはまることではない通俗的な「あるある」として聞いていただきたいのですが、時間を守らない・ドタキャンする・お金の管理ができない（若いうちから散財したり借金したりする）などがあります。そんなエピソードを耳が痛くなるほど聞いてきました。あるあるが好きな大人たちの中には、遅刻は見逃すし気にしない、ドタキャンもOK……そんな風に間違った寛容さでドーンと構えている人もいます。そんな環境にいた私もお恥ずかしい話ですが、「あるある」の人間になってしまいました。

無断で休んだり、約束の時間に行けない理由を心のせいにしたり、施設出身者あるあるなんだからいいでしょ？　とか思ったり。

でも、どこかに、社会人として「このままじゃいけない」という感覚がありました。だから、「児童養護施設出身者あるある」に染まってしまっていることが本当に受け入れがたく、辛かったです。

その当時、この状況を見かねた人が心配し、励ましてくれて通院も勧めてくれました。そのおかげで、心療内科でカウンセリングを受けたりもしましたが、ドタキャン癖や言い訳癖がすぐに減ることはなく、講演活動や人との約束も控えることにしました。それから活動をお休みし、空白の1年半を過ごします。

スピーカーとしての役割

そんな迷いの中で、信頼していた大人に相談する機会があったのですが、その方に「続けたほうがいい」と言われました。

「れいかさんのようなケースも、入所する子どもたちの一つのケース。どのような経緯で入ったのかも、しっかり発信していったほうがいいよ。サバイバーの方たちとは違う話をする出身者も、社会のためには必要だよ」と。

その方自身、母子家庭で育ち、苦労して大学へ進学された経験がありました。ですから、そんな風に活動を評価してくれて、すごくうれしかったです。このとき、私らしく、私にできることを発信しよう！　そのためには、「業界」に貢献する活動をする、ということに決めました。

「業界」というのは、ざっくり言うと「児童養護施設の子どもたち周辺」をイメージしています。全体のためになることをすれば、みんながハッピーになれると思ったのです。

それに、なんらかの団体を立ち上げるとなると、子どもたちへの寄附集めや、活動報告、計画を実行し、アピールもする……と、自分のことでいっぱいになってしまい、既存の団体や施設のお手伝いができません。それは、私の思い描いていた活動とは違う気がしました。モデルとは、広告塔の意味も強くありますよね。お洋服の魅力を広めるために、服を着るわけですから。それなら、モデルという役割をまっとうして、業界の認知度や周知度を高めるのが重要な使命なんじゃないかと思ったのです。そして、私が施設についていろんなことを話すことをきっかけに、はじめて社会的養護について知った人が正しくて有益な情報が得られるような「場所を整備する」という二段構えにしようと思いました。

この、「業界全体の底上げ」になるような活動をしている人は正直ほとんどいないですし、Ｗｅｂサイトを見ても本質的な情報にアクセスできるところは少ないのが現状です。きっと、簡単ではないからかもしれません。それに施設職員さんは、日々の業務に忙しく、広報や啓発活動にまで手が届かないことが現実としてあります。

これらの課題を自分のこととして考えた結果、「ふるさと大使」とか「PR大使」みたいなもので、私が「児童養護施設大使」のように知ってもらう活動にしよう！　ということを思いつきました（実際に大使ではないんですけどね。お得意な勝手な妄想です（笑）。

そこを目指しながら、スピーカーとしてお話させていただく活動をしていきました。最近で一番うれしかったのは、２０１９年に東京都の里親制度のＰＲ動画に出させていただいたことです。

ようやくモデルという仕事と、児童養護施設出身というルーツが生かされた！　私にできることをさせていただけて、「このお仕事をいただけてよかったな」ってすごくありがたく思いました。

私は大学の授業でスピーカーをすることもあるのですが、当事者が話をすることについて、大学の先生方からこのようなコメントをいただきました。

「学生の中には、『児童養護施設にいる子どもたちは心に傷を抱えていたり、病んだりしているのでは……』という先入観を持っている方がたまにいます。田中さんが授業の中で、

いま施設にいる子どもたちを前にしてお話することもあります。

当事者でなければ語ることができない、リアルな体験や施設での思い出を話してくれたおかげで、学生の学びがとても深まり、当事者がどのように感じるかを考えながら、その後の講義を受けるようになりました。（桜美林大学　大村先生）」

「学生が持つ社会的養護のイメージは、メディアから流れてくるマイナスなものばかり。田中さんに講演を依頼するのは、そんな学生に社会的養護経験者の生の声を聞いて欲しいから。『親と暮らせない子どもの生活のイメージが大きく変わった。』『施設での生活など、自分の思っていたイメージが一新された。』『施設だからこそできることがある。』もちろん辛い経験や課題がないわけではない。それを乗り越えようと明るく活発に話してくれる田中さんから学生は多くのことを学んでいます。（関西大学　福田先生）」

Lecture 11
チャボナビ協力！「児童養護施設で働く」方法

ここで「児童養護施設で働きたい！」と思ってくださっている方に、児童養護施設の就活方法について解説していきたいなと思います。このページはNPO法人チャイボラさんに監修していただきました（NPO法人チャイボラInstagramより引用・一部修正）。

チャイボラさんは、施設の概要や求人情報をまとめている社会的養護総合情報サイト「チャボナビ」を運営しています。ここでは、「チャボナビ」を使った就職の流れをみてみましょう！

①見学会に参加して施設を見る！

チャボナビを使って気になる施設のイベントにエントリーしましょう。東京都にある児童養護施設は約9割が掲載されています。全国の施設も続々と掲載が進んでいますので、ぜひチェックしてみてください！

イベントは、オフライン開催とオンライン開催の見学会があります。
施設によって子どもたちや職員の雰囲気、働き方、子どもたちへの支援方法がそれぞれ違います。いくつかの施設を見ることで自分に合う施設を見わけていくことが大切です。

３つは見学するといいかもね！

訪問経験のない方はいろんな施設を知る良い機会ですね。

②施設の仕事を知る

あなたに合いそうな施設が見つかったら、まずはアルバイトやボランティアをすることをお勧めします。

就職前に事前に現場に入ることで、施設側も就職希望者もお互いに知っている状態でスタートできるので、就職後のギャップも少なく、スムーズに仕事のスタートを切ることができます。

「アルバイト期間に施設の仕事の大変な部分を事前に知ることができたので、就職してから乗り越えることができている」という先輩もいますよ！

③採用試験にエントリー

社会的養護の施設は一般企業と異なり、エントリー時期にばらつきがあります。

年中エントリーを受けつけている施設もあれば、一般企業と同様に３年生（専門・短大の１年）の冬からエントリーを開始する施設もあります。大半の施設が４年生（専門・短大の２年）の夏終わりごろからエントリーが開始します。

④採用試験

エントリー時期と同様、提出書類や採用試験の内容も施設によってさまざまです。

多くの施設が、①履歴書・卒業見込みの証明書の提出・②筆記試験・③個人面接を実施します。施設によっては数日間職場に入り、現場の職員が審査をする場合もあります。採用試験は見られるだけの場ではなく、求職者も施設を見る貴重な機会です。あらかじめ就職したあとを想定した質問をいくつか用意しておきましょう！

力をぬいて、あなたの思いを伝えてね！

監修団体の紹介

NPO法人 チャイボラ

「子ども一人ひとりが大切に育てられる世の中を目指して」
施設で暮らす子どもたちにとって職員の存在はとても大きく、施設で暮らす期間だけでなく退所した後、つまりは人生にも大きな影響を与えます。しかし、現在施設の職員は不足しており、職員の十分な確保と定着は大きな課題となっています。チャイボラは、職員の確保と定着それぞれの観点から施設をサポートする活動を展開しています。

チャボナビの詳しい情報はこちらから→

Breaktalk

当事者活動の難しさについてワトソンとトーク！

れいか：「当事者活動」は難しいなと思いながら、いままでいろいろやってきたんだけど、私と同じように児童養護施設出身者としてスピーカーをしていたワトソンの意見を聞きたいな～。どんな感じで当事者活動をはじめたの？

ワトソン：仕事をするようになって、「出身者でもこんな風にがんばれる」ってことを営業マンとしてアピールしたかったんだよね。

そんな中、仕事で経営者に向けてのセミナーに参加することになって、そのセミナーが「良い会社とは、誰もが働きやすい環境、どんな境遇の人でも積極的に採用していこう」というテーマだったんだ。その時のグループワークで「私は施設出身者です」と自己紹介をすると「かわいそうだったね」、「辛かったね」とか言われることが多かったんだ。たしかに辛かったり、苦しかった人もいるだろうけど、俺は施設に入ってよかったと思っているのに、なんでこんなこと言われるんだろうと思ったんだよね。そのとき、当事者団体に出会って、一緒に発信しはじめたのがきっかけかな。

施設出身者としての当事者活動

れいか：施設出身者だと周りに言うことに、抵抗はなかったの？

ワトソン：う～ん……特に自分が施設出身だと伝えることに抵抗はなかったかな。けど、かけられる言葉がいつも同じで「辛かったね、かわいそうだったね」とかは「いやあ、違うなあ……」っていつも思ってたよ

れいか：当時を振り返って大変だったこととかありますか？

ワトソン：そうだねー……振り返ってみると大変だったかな。自分が所属している団体が「どこに向かって走っているのか」がわからなくなって、一人で空回りしてるんじゃないか？　と悩んだ時期もあったね。というのも当時の団体は「対話を通じて社会的養護の認知度を少しでも上げてよりよい社会をつくる」というのを目指していて、自分の中では「よりよい社会とは？」がずっとわからなかったんだよね。

　だから活動として、「進学率を〇〇％にする」「当事者の離職率を減らす」「国の支援制度を一つ増やす」などを掲げて活動する方がいいと思っていたかな。

　そういう自分の考えもあって団体のメンバーと同じ方向で進んでいるのか不安になり、周りとの温度差を感じていた頃もあったかな。

れいか：たしかに、当事者活動って「実は横のつながりがほしい」というように、居場所を求めていたり、アクションを積極的にやりたいわけではない団体もあるかもしれない。ワトソンは「俺一人で」って気分だったのかな。

Breaktalk

当事者活動をやめる=自立かな

ワトソン：俺の考えとしては、「当事者活動をやめることが当事者の自立かな」と思ったんだ。当事者活動に居場所を求める人もいて、それはそれでいいと思うんだ。でも、当事者活動は交流会をすることだけが目的の場じゃなくて、団体として何か出来ないか、もっといろんな人達に知ってもらうためにどうしていけばいいか、互いに意見を出し合って明確な目標をもって動いていくべきなんじゃないか、って思っていたから、少し気持ちのずれを感じてたかな。

れいか：なるほどね。「やめるのが、自立」は深いな～と思いました。ワトソンはスピーカーもしていたけど、誰かにレクチャーはうけたの？

ワトソン：「こうだ」っていうレクチャーを受けた覚えはないかな。

当事者活動で児童養護施設について話をする場を頂いたとき、「児童相談所は悪い」って率直にいう人がいたんだ。

その場には児童相談所の職員さんもいたから、その発言を聞いてすごく困ったかな。でも、その人にとっては本当にそう感じていたかもしれないから、気持ちは受け止めるべきだと思う。ただ、その自分の経験を話すなら、「これは私の思ったこと」とか、「私のケースだと」って言葉を付け加えてから話しはじめないと、良くない影響が広まってしまうこともあると思うんだ。

これから当事者活動をする後輩たちへ

れいか：これから当事者活動をやりたい人に向けて、伝えたいことはありますか？

ワトソン：伝えたいことは大きく分けて３つあります！ 「自分の生い立ちの整理をする」「自分の幸せのことも考える」「自分の発言の影響力の理解」です。

この３つは当事者活動として大切なことなので、人前で話す以上、しっかり考え、理解してもらいたいなと思うかな。

当時者活動している人の中には、自分の幸せよりも他人の幸せを優先して行動しちゃう人もいるんじゃないかなと思ってて心配になる時もあるかな。

あとは、人によっては辛いことかもしれないけど、自分の生い立ちを振り返ることで整理がついてくると、次は他の人の意見も聞いてみたいとか聞く姿勢がついてくると俺は思ってる。だから無理強いはしないけど、できれば生い立ちは整理してから活動をはじめるのがいいかなと思う。

３つ目の発言の影響力は一番大切なことであって、当時者活動はいろんな団体があっていろんな考え方、目標があるからなにが正解、間違いはないけど、自分が発言したことがどれだけの人に知れ渡って、どう解釈されるのかはある程度想像してから話さないと自身や他の当事者を傷つけることになりかねないから、しっかり考えたほうがいいと思うかな。

Chapter 12

知ることのハードルを下げたい

児童養護施設大使としての発信

私はいま、自分で立ちあげたメディアやSNSでの発信を定期的に行いながら、テレビやウェブメディアからの依頼にこたえるかたちで、取材を受けたり、企業や施設、地域のイベントなどで、生い立ちについて話すスピーカーの活動をさせていただいています。発信の活動以外でも軸になっているものがいくつかあります。ちょっと宣伝になりますが、おつきあいください！

東京都武蔵野市にあるNPO法人プラネットカナールという団体では、広報や動画制作・手順書作成などの仕事をしています。講演会でスピーカーをやったことをきっかけに、「一緒にやってみない？」と活動に誘っていただいたことがきっかけです。

この団体の主な活動は、一人暮らし用の家具家電が不要になる人から、これから必要になる児童養護施設を退所する若者につなぐ活動です。「ＳＵＤＡＣＨＩプロジェクト」といいます。

卒園する子たちは、アパートの一時金や入学金などで、まとまったお金が必要となるので、家電や家具を贈ってもらえると本当に助かります。

冷蔵庫・洗濯機・テレビ・電子レンジ・炊飯器・掃除機は12月にネットのくじで新しいものから順に当たります。その他の家具家電はカタログにまとめ、施設に送って、年末年始の時期に一人暮らしをイメージしながら子どもたちに選んでもらいます。

毎年50名以上に８００以上のアイテムを贈呈できています。

アットホームな雰囲気の中、地域、企業、大学生やアメリカンスクールなど、いろいろなみなさんが、無理ない範囲で参加しています。一年を通して、寄贈受付・引取・保管・寄贈品のシステム登録や管理・カタログ制作・クリーニング・配送準備・贈呈式といった工程があり、多くの人が少しずつ貢献できるかたちになっています。「たくさんの人が応援している」ことも伝わります。

寄贈する家電家具は、購入して10年未満のニーズがあるものなら、無償で引き取りにきてくれます。武蔵野市から車で1時間以内の範囲で、同じ方面や地域をまとめて引取るので、余裕をもって申込む必要がありますが、巣立ちの応援ができて、モッタイナイものを活かせるので、暮らしの中でＳＤＧｓへの貢献にもつながります。寄贈者も助かるので、双方から「ありがとう」と言ってもらえる無理ないサステイナブルな活動です。

地域にある児童養護施設から巣立ちを応援しようと思ったら、仲間を見つけて引取った家具や家電の保管ができれば、お金もほとんどかからず、すぐにスタートできます。自分ではじめてみたいという方は、ぜひプラネットカナールに気軽に相談してください！ＳＵＤＡＣＨＩプロジェクトを全国に広げるために全面的にサポートしてくれます。

巣立つときの不安な顔が一瞬微笑む、そんな「Moment of Smile™」をイメージしながら一緒に児童養護施設からの巣立ち応援の輪を広げていきませんか？

その他にも「ゆめさぽ」という団体では、代表理事をしています。本部は大阪にある団体です。

実は、この団体はまだはじまったばかり。これから具体的な活動に入ろうか、というところにいます。「ゆめさぽ」は名前の通り、子どもたちの夢をサポートする団体です。「親と離れて暮らす子どもたちが夢を見つけて実現することをサポートし、子ども自身が自分を好きになれるきっかけを作りたい」という思いのもと、女性8名の理事で活動しています。

なかでも「進学応援プロジェクト」では、大阪府の児童養護施設や里親家庭で暮らす高校3年生を対象に、進学する際の受験費用を助成する取り組みを今年からスタートしました。この活動が根付くまでは時間がかかると思いますが、少しでも「受験」という機会を通して夢に挑戦できる機会を増やしていけたらなと思っています。

本来、進学にともなう受験費用は施設の予算に組み込まれてはいるのですが、私立大学を何校も受けるとなるとそのたびにお金がかかるので、ちょっとでも負担を減らそう、というところに着目しています。また、成人式ではスーツや振袖など衣装代が結構かかるものです。このときの費用を助けてあげるようなプロジェクトも考えています。

自分の経験を通して思うのですが、施設の子たちってお金の面で躊躇《ちゅうちょ》し、遠慮することも多く、「自分のやりたいようにする」という機会があまりないように思います。

私立大学は、試験方法や日程が豊富なので、チャレンジする回数が多ければ合格の可能性もそれだけありますし、選択肢が増えます。そして、一生に一度の「成人のお祝い」には、その人に似合うステキな衣装を着てほしい……。

ぜひみんなには、自分を好きになって、夢にチャレンジする大人になってほしいと思うのです。これらは、そのために必要なサポートだと思っています。

「ゆめさぽ」の今後の活動については、団体のSNSをチェックしていただきたいと思います。

また、オウンドメディアの「たすけあい」もあります。2020年の4月に立ち上げました。社会的養護の理解の輪を広げていくための情報サイトで、記事と動画の2本柱でいろいろな情報をお伝えしています。世の中のネガティブニュースに流されず、基本・歴史・想いに寄り添ったサイト作りを目指しています！

普段から撮影や編集を手伝ってくれるスタッフとサイトのメンテナンス担当の3人で運営しています。でも、これまで出会った方たちにすごく助けてもらっていて、施設の職員さんにお願いして意見をもらったり、インタビューをさせてもらったり、現状の課題をシェアしてもらって記事にすることもあります。

このメディア内で人気の記事は、「児童養護施設の暮らし」がダントツ一位。これ、同じ内容のYoutubeではなんと16万回以上の再生回数なんです。

やっぱりみんな児童養護施設の「リアルな生活」が知りたいんだな、と気づかせてくれました。

試行錯誤しながらつくっているメディアですが、反響も大きく、Youtubeの「たすけあいch」のほうは、深いコメントやありがたい言葉をかけてくださる方がいて、とても励みになります。「私も児童養護施設出身なのですが…」とか「元職員です！」なんて方からのコメントもあって、動画で伝えきれない他のケースを視聴者さんが教えてくれます。

自分自身の勉強につながっているので、これからもゆるゆるほそぼそ続けていきたいと考えています。

ここまで取り組んでいる活動を紹介させてもらいましたが、私の活動の大きな柱として、「社会的養護を知るためのハードルを下げたい」という思いが根底にあります。なんでもオープンというのは業界の特性上、難しいんですけどね。でも、そのオープンにできる範囲をみんなで模索して情報を整えていきたい思いがあります。

Youtubeは一眼レフで撮影。編集も私がやっています！

次のステップとして、「支援・応援したい」という方がいらっしゃったときには、「その人の住んでいる地域にある施設を応援する」という手伝いがしたいと思っています。

その一環として、β版ですが、いま「ナカソラ」という寄附サイトを作っています。

例えば「支援したいけど、どうしたらいいんだろう」という人がいるとします。その人がこの「ナカソラ」にアクセスすると、都道府県別に施設の一覧が出てきて、施設を選ぶと、そこから「Amazonほしいものリスト」にとぶことができる。

このリストは、各施設さんに協力して作ってもらったもので、支援したい人にはそのリストからセレクトして購入してもらいます。発送などはAmazonさんにお任せ、という流れです。

まだ6施設（※2021年8月現在）なのですが、ほしいものリストは例えば、本やゲーム、生活雑貨、パソコンやテレビなど、ジャンルも値段もさまざま。

施設によっては、「こういう理由でほしいと思っています」というメッセージを書いてくれるところもあって、支援したい人もより想像がつきやすくなると思います。送ったものを使っている様子をInstagramにアップしてくださる施設もあります。

みなさんの中で、なにかをきっかけに生まれた「子どもたちの力になりたい、助けたい、関わりたい」という思い……。そういう気持ちがピークに高まるときがあると思うんです。そんなとき、やり方がわからず、その思いがそのまま消えてしまうのではなく、思いをかたちにできるような場所を提供したいし、これからもそういった機会を増やしていきたいと思います。それが「ハードルを下げる」ということでもあるかなと思っています。

Chapter 13 いろんな支援がある未来がいい！

ここまで、私の生い立ちを辿りながら現在取り組んでいることを紹介してきましたが、これからの児童養護施設はどうなっていくのでしょうか？

実はいま、児童養護施設は大きな転換期を迎えています。施設で働いていない私がそう感じるので、現場の職員さんはもっともっと感じていて、その対応で大変だと思います。

ここでは全国児童養護施設協議会が公表した「今後の児童養護施設に求められるもの最終報告書（令和3年6月）」を参考に、これからの児童養護施設がどうなっていくのかをみなさんと共有できたらと思います。

これまでの児童養護施設はどちらかというと、子どもたちを守るため、施設の存在や情報をオープンにしないということが多くありました。これについては特性上、仕方ないと思いますが、これからは地域に開いたオープンな施設づくりを心がけなければならないとしています。

これから求められるのは次の3つの機能です。1つ目は「個別的養育機能」、2つ目は「支援拠点機能」、3つ目は「地域支援機能」です。一つひとつ見ていきます。

個別的養育機能というのは1対1の支援を限定するのではなく、一人ひとりにあった養育をすることを意味します。そのうえで、個々に合わせた心理的治療を進めることや、親子関係の支援、地域の子ども同士の交流、地域で暮らす子どもの支援など広い役割が含まれます。

続いて支援拠点機能というのはこれから重要となるポイントの一つで、児童養護施設の本園を拠点とし、さまざまな機関（児童相談所・幼稚園・学校・医療保健機関など）と連携しながら、子どもの育ちを途切れることなく連続して支えられる体制を整えていくこととしています。

最後3つ目は「地域支援機能」です。この3つ目については、私の出身施設である福音寮で早くから取り組んでいたことでもあります。ここに含まれる機能は、一時的に地域の子どもを預かるショートステイやトワイライトステイの受け入れ、一時保護機能、里親に関する支援として「フォスタリング機能」(「里親」に関する一連の過程においての包括的支援)ということがあります。

こんなに児童養護施設の役割が増えたら、現場の職員さんは疲弊しちゃうよ〜と思いましたが、職員の育成も重要な機能として盛り込まれていたので安心しました。

そして、これまでとなにが違うのかというと、児童養護施設が地域に開かれた、子育ての駆け込み寺になるというようなところでしょうか? 施設には子育てのプロがたくさんいるので、子育てのシェアに寄与できる良い変化だな、と個人的に思っています。

このような転換期の中、児童養護施設の敷地内に、子育ての相談に応じる場所を設けたり、施設とは離れた場所に「地域連携室」を設けている施設も増えてきました。また、福音寮のように、施設の一部を地域の人に貸し出して、施設をオープンにしはじめているところもあります。こうした取り組みを通して、地域の人とゆるやかにつながりながら、子育てをシェアしていく拠点になるのが、これからの児童養護施設だと私は思います。きっとみなさんが施設に行く機会もこれから増えていくかもしれないですね。

この最終報告書を読んで「子育てを母親の責任・夫婦の責任・血縁の責任にしないよ」というメッセージを強く感じました。

そして最後に、これからの児童養護施設に関して私が注目しているのは、「施設を拠点としたアフターケア（施設退所後の支援）が充実していく」ことです。

これは私が経験したように、退所後に施設とのつながりが薄くなることで、社会から孤立してしまう子を減らすために必要だと思っています。「なにかあったら、あそこの団体の○○さんに相談しなさい」ではなく、施設に帰ってきて、顔馴染みの先生に相談できる機会を望む子も少なからずいるからです。決して、いまあるアフターケア団体さんを否定しているわけではありません。あくまで、出身施設とのつながりを必要としている子たちもいることから、福音寮では２０２１年10月から毎月一回卒園生の会を開催することになりました。

この会は施設の卒園生が主体となって運営しているのがポイントです。まだはじまったばかりの取り組みなのでシェアできる話は少ないのですが、この会を通して、「卒園後も帰ってきていいんだよ」ということを伝えられたらいいなと思いますし、「社会に出てから大変なこともあるけど、大人は楽しい！」ということを入所している子たちにも伝えられたらと思います。

初心者向け！「社会的養護」を学ぶコンテンツ

私が運営している情報サイト「たすけあい」では、意外と学ぶ機会がない基本データについて紹介しています。

「たすけあい」は月１万 PV を達成したこともあります！　いろんな方に見ていただいて、児童養護施設の情報を知りたいという人が多くいることを実感しています。

そして、情報サイトと並行して行っているのが Youtube の更新です。ほかの社会的養護の施設も記事と動画で紹介しています！

【里親になってみたい！】里親になるには？

【児童福祉施設の「最後の砦」】
自立援助ホームって何？

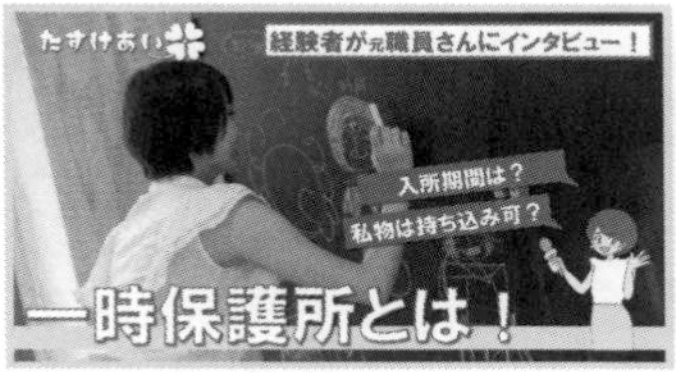

一時保護所とは？

【日本初】ケアリーバー（社会的養護経験者）
全国調査が実施されました！

書籍には掲載できなかった、児童養護施設での経験を基につくった四コマ漫画を旬報社のホームページで公開しています。

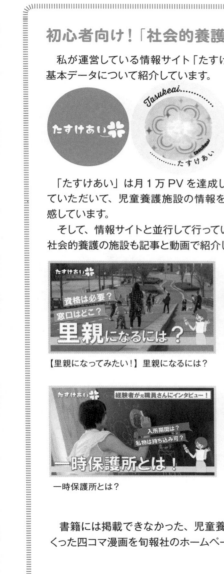

おわりに

みなさん、「児童養護施設」についての私の話を読んでみていかがでしたか？

困っている子どもたちの現状や、一般との数字の比較などを見ると、途方にくれる気持ちになる人もいらっしゃるかもしれません。

「こんな現実変えられるのかな」「当事者じゃない人がどうこう言う問題なのかな」という気持ちになっていませんか？

そんなときは、一呼吸置きましょう。

「社会的養護」の意味にもう一度立ち返って考えてみたいと思います。

「社会的養護とは、保護者のいない児童や保護者と一緒にいることができない児童を社会が保護して、困難を抱えている家庭とその子どもに支援をすること」です。「子どもの最善の利益のために」「社会全体で子どもを育む」ことが社会的養護の理念です。

痛ましい虐待や親の不仲など保護者の責任を糾弾しがちですが、社会で子どもを育てるという「公共の責任」もあると思っています。

公共の責任とは、国や行政はもちろんなのですが、私たちも含まれています。

これからの社会を担う子どもの困難を取り除くのは、同じ社会に生きている大人の役割ではないでしょうか。こうした助け合いの循環によって、住みやすい世の中が実現するということだと思います。

「きびしい現実」は、子どもたちだけではなく私たちが直面している現実でもあるのです。

私たちがすぐさま大きなお金を動かしたりすることは難しいかもしれませんが、率先して学ぶ・自分にできる範囲で支援を探し検討することも立派な「社会的養護」です。

ぜひ、あなたにできることを考えてみていただけるとうれしいです。

私が自分にできることとして作ったウェブメディアやYoutube、寄附マッチングアプリなどもありますので、すこしでも気になってくれた方は覗いてみてください。

この本では、私の生い立ちを話してきましたが、こうしたケースだけではない他のスピーカーのことも知っていただきたいと思います。そのうえで、いま施設にいる子どもたちの最善のために、行動していきましょう。

また、家族にも「ありがとう」と言いたいです。

ちょっと長くなるのですが、最後にもう一度家族の話をさせてください。

私は、施設を出てから「なりたい自分になる」ために突き進んできた一方で、家族について悩んできました。

施設を出てからお父さんとはそれまでと同様、手紙やショートメールでのやりとりをしていました。成人式を迎える19歳の夏のある日。お父さんから「安くて申し訳ないけど、振袖を買ってやる」と連絡がありました。そこで約束をして、振袖フェアの会場に一緒に選びに行きました。1年半ぶりの再会。2人っきりで会い、出かける経験はたぶんはじめてだったので、ちょっと緊張したのを覚えています。振袖を一式買ってもらって、前撮りの予約も完了。

その後、お父さんから「すこしご飯でも食べていかないか」と言われたので、一緒にご飯を食べました。そのとき改まった感じで、お父さんが私たち子どもたちと家族のことをどう思っていたのかをはじめて教えてもらいました。

鮮明には覚えていませんが、お父さんは私たちを施設に入れてしまったことを申し訳なく思っていること、お姉ちゃんとれいかはそれなりに自立してやれているけど、障がいのあるお兄ちゃんが心配でどうにかしたいと思ってくれていること、田舎のおばあちゃんたちにも感謝していることを伝えてくれました。

そのとき、私たちが施設に入った本当の理由を聞くことはできませんでしたが、19歳の私なりに感じたことがあります。それは「お父さんを許そう」という気持ちでした。

お母さんとは施設にいた時から毎月会っていたので、施設を出た後もＬＩＮＥでやりとりをしていました。お母さんは再婚し、新しいパートナーがいました。

施設を出て２年間は「会いたい」と言われてもＬＩＮＥのメッセージを既読無視したり、なにかと理由をつけて会うのを断っていました。ただ、学校の保育実習中はお母さんと再婚相手のお家に泊まらせてもらったり、サポートしてもらったこともあったので、１年に一度は会うような関係性でした。

入所した頃からずっと「お母さんが好き！　お母さんのところに帰りたい！」と思っていた私ですが、退所後、いくつかのできごとが重なってお母さんへ不信感を覚えるようになりました。

1つ目はお姉ちゃんに子どもが生まれたときです。娘のはじめての出産。「出産祝いをあげるからね」と言って、何年間も行動しなかったこと。それなのに、好きなものを優先して買っている姿を目にしてしまったこと。

2つ目は子どもを想っているといいながら、会うときのご飯代はお姉ちゃんが支払っていたこと。この本で言えるのはこれくらいですが、口だけでなにもしないように見えてきて、お母さんに怒り、会うたびに説教のような話をしていました。

しまいにはお姉ちゃんに「会うたびにれいかが怒ってる」と言われるように。きっと私には、私が理想とするお母さん像があって、その姿を強く望んでいたから、とても怒っていたんだと思います。そんな事が続き、お姉ちゃんに「怒るれいかなんて見たくないよ。しばらくお母さんと会うのやめたら?」と言われ、定期的に会うことをやめることにしました。

そのとき、もうお母さんに多くを望むのはやめようと決めました。期待しても傷つくだけだからです。その後は、お母さんのほうが子どもだな、そんな感じで関わるようになりました。

そのタイミングで「子どもが親を越す」という言葉に出会います。私とお母さんはまさしくそんな感じ。精神的に私がお母さんを越えたんだなぁと思ってしまいました。

このことはお母さんにもちゃんと顔を合わせて伝えてきましたし、いまでもそのことは話をするので、決して不仲ではないということは伝えておきたいなと思います。

同じような体験をした方がいるかな、なんて思いながら書かせていただきました。

お母さんとのエピソードはもうたんまりあるので、それだけで一冊分くらい書けそうなのですが(笑)。

でも、こんなことがあったからこそ、お父さんの言葉を信じられ、不器用さも理解できましたし、子どものことを思ってくれてるんだなということを実感することができました。

私にとっては欠かせない存在であるお姉ちゃんも、まだまだ心配なことがあります。何回伝えたか忘れましたが、お姉ちゃんには「幸せになってね」と意識的に伝えています。あなたが幸せならなにしててもいいって……。そう書いた手紙がお姉ちゃんの部屋に飾ってあったときは、とてもうれしかったです。「こういう妹想いなお姉ちゃんに私は何度も何度も救われたんだな」って。私はお姉ちゃんのためにも活動している部分もあります。お姉ちゃんが苦しんだ分、同じような状態になる人を一人でも減らしていきたいからです。

これが、田中家です。いろいろありますが、児童養護施設で暮らしてる子の中では、かなり軽いケースだとは思います。

家族のわだかまりや課題はまだまだ残っているなと思っているので、私にできることは限られますが、これからも家族と関わり続けるつもりです。

最後になりましたが、この書籍をつくるにあたり、児童養護施設で働く職員さんには本当にお世話になりました。

コロナ禍で大変な時期に書籍をつくることになり、Ｚｏｏｍでインタビューをしたり、感染予防の策を講じて直接お話をお聞かせいただきました。主には、私の育った施設のみなさんです。本当にありがとうございます。快く引き受けてくださり、感謝しかありません。

そして、最後まで読んでくださったみなさん、ありがとうございました。ツイッター・インスタグラム・YoutubeなどSNSのコメントでの感想もお待ちしております。

そしていつか、どこかでお会いできることを楽しみにしております！

田中れいか

ご協力いただきありがとうございました！

田中れいか

1995年生まれ。親の離婚をきっかけに、7歳から18歳までの11年間世田谷区にある児童養護施設「福音寮」で暮らす。退所後は駒沢女子短期大学保育科へ進学。その後、モデルの道へ。ミスユニバース2018茨城県大会準グランプリ・特別賞受賞。モデル業のかたわら、自らの経験をもとに、親元を離れて暮らす「社会的養護」の子どもたちへの理解の輪を広げる講演活動や情報発信をしている。2020年4月社会的養護専門情報サイト「たすけあい」・社会的養護専門たすけあいch（Youtube）を創設。Youtube人気動画は16万回再生を突破。2020年12月より、児童養護施設や里親家庭から進学する子たちの受験費用をサポートする団体、一般社団法人ゆめさぽ代表理事に。ことな協会代表。NPO法人プラネットカナール 広報担当。

■田中れいかホームページ　https://tanakareika.jimdofree.com/
■田中れいかブログ　https://ameblo.jp/tanaka-reika124/
■田中れいかTwitter　@tanaka_reika

児童養護施設という私のおうち

知ることからはじめる子どものためのフェアスタート

2021年12月22日　初版第1刷発行
2023年7月5日　第5刷発行

著者	田中れいか
ブックデザイン	ランドリーグラフィックス
編集協力	四戸咲子
イラスト	にしだきょうこ
カバー撮影	山中康司
編集担当	粟國志帆
発行者	木内洋育
発行所	株式会社旬報社

〒162-0041
東京都新宿区早稲田鶴巻町544　中川ビル4F
TEL 03-5579-8973　FAX 03-5579-8975
HP　https://www.junposha.com/
印刷製本　中央精版印刷株式会社

©REIKA TANAKA 2021,Printed in Japan

ISBN978-4-8451-1731-4
